Please Send Me
A Signal Of Love

KB131521

mellow

07. Signal

사랑의 시그널을 보내주세요

GREETING

"당신은 정말 아름답다"는 남자의 말에 여자는 "당신이 여기 있어서 너무 좋다"고 답한다. 그다지 특별할 것 없는 이 대화가 반짝일 수 있는 것은 그들의 '언어' 덕분이다. 여자는 포르투갈어, 남자는 파키스탄어로 말하지만 이야기는 아주 자연스럽게 이어진다. 둘은 서로의 언어를 전혀 모르는데 말이다.

밀란 쿤데라의 소설 『무의미의 축제』 속 이 장면이 mellow vol.7 준비를 하며 자주 오버랩 됐다. 직접적인 의사소통이 매우 어려운 반려인과 반려동물, 혹은 반려동물과 또 다른 반려동물의 교감과 소통이 그것과 매우 닮았기 때문이리라. 어쩌면 언어의 장벽에 도전하는 이들을 향한 일종의 경의(敬意)였을지도 모르겠다.

눈빛과 표정, 꼬리를 포함한 각종 몸짓 언어, 수염, 하울링과 골골송… 이번 호에 실린 시그널들은 분명 어렵고 복잡하고 애매모호하다. 말이나 글과 달리 사랑과 이해, 시간이 담보되어야 하는 것들이기에 그렇다. '어차피 못 알아들으니까…' 단념하고 포기했다면 절대 감지할 수 없는 신호. 그 귀중한 시그널들을 이제 여러분들의 주파수로 전송하려 한다.

멜로우 편집부

내 단짝 친구를 소개합니다

Let Me Introduce
My Best Friend

글·사진 이상미 @slow_ri | 에디터 최진영

우리는 소울메이트

안녕하세요. 어렵게 시간 내주셔서 감사해요. 두 아이를 키우시느라 정신없으시죠?

안녕하세요. 저는 8살 강아지 보리와 4살 소녀 주아의 엄마예요. 두 아이를 키우느라 매일 정신없지만 즐거운 하루하루를 보내고 있어요. 주아는 보리가 4살이 될 무렵에 태어났어요. 어떻게 어린아이와 강아지를 함께 키울 수 있냐고 대단하다 말씀하시는 분들이 많아요. 그런데 사실 저는 아이들이 처음 만나는 순간부터 두 아이가 잘 지낼 것이라는 확신이 있었어요. 보리는 낯선 사람에게 경계가 심한 편인데, 주아를 처음 보고도 전혀 짖지 않더라고요. 오히려 얼른 인사를 하고 싶다고 보챘어요. 주아를 처음 만난 순간부터 동생이란 걸 알았던 거 같기도 해요.

주아가 동생이란 걸 직감적으로 느꼈던 걸까요? 혹시 주아가 보리를 향해 텔레파시를 보낸 건 아닐까요(웃음)?

텔레파시는 아니고요(웃음). 냄새를 맡으며 점차 서로에 대해 알아갔어요. 주아는 신생아 시절에 가드가 높은 안전 침대를 사용했어요. 그래서 보리에게 침대 주변에서 아이의 냄새를 확인할 수 있도록 했죠. 주아의 냄새를 맡으며 가족이 생겼다는 걸 자연스럽게 이해할 수 있도록 도와줬어요. 그렇게 시간을 보내니 보리가 동생인 주아를 지켜야겠다는 생각이 들었나 봐요. 늘 아기 침대 주변에 머무르더라고요. 우는 소리가 들리면 안절부절못한 표정을 지으며 저를 쳐다보기도 하고요. 또 주아는 잠을 자다가도 곁에 아무도 없는 것 같은 느낌이 들면 금세 잠에서 깨어나 울었는데요.

보리도 그걸 아는지 제가 자리를 비우면 바로 주아 옆으로 다가가 몸을 붙이고 누워있었어요. 보리 덕분에 잠깐이나마 집안일도 하고 여유로운 시간도 즐길 수 있었네요.

주아가 걸음을 떼기 시작했을 때부터 엄마와 오빠의 공동 육아가 빛을 발했을 거 같아요.
주아가 걸음마를 떼기 시작하면서 자연스럽게 "위험해" "안 돼"라는 이야기를 많이 하게 되었어요. 그래서 어느 순간부터 엄마는 해주지 않을 것 같은 일을 보리 오빠에게 부탁하더라고요. 예를 들어 과자를 못 먹게 한다면 보리에게 과자 봉투를 열어 달라고 하기도 하고요. 바나나 껍질을 까달

라고 보리 앞에 가져다 두기도 했어요. 주방 서랍을 뒤지며 마구 장난을 치고 싶을 때도 오빠와 함께 했고요. 갑자기 조용해져서 아이들을 찾아보면 서랍 속 물건들을 모두 꺼내 놓고 둘이 신나게 놀고 있었던 적이 많았죠(웃음).

둘이 함께 있으면 조잘조잘 수다가 멈추질 않겠는데요?
주아는 어린이집이 끝나고 집에 오면 현관에서부터 "보리야, 주아 왔다" 하고 외치며 인사를 하죠. 그러면 보리도 신이 나서 폴짝폴짝 뛰며 주아를 맞이하고요. 주아도 보리의 귀에 "엄마 몰래 간식 줄게" 하고 신나서 주방으로 뛰어간 답니다. 그 모습이 너무 사랑스러워서 늘 알고서도 모른 척

해 줘요. 주아가 말을 하기 시작하며 호칭에 변화가 생기기도 했어요. 처음에는 발음이 어려우니 부르기 쉽게 "오빠"라고 불렀어요. 그다음에는 "보리 오빠" 그리고 주아가 보리보다 몸집이 커지면서 "보리야" 하고 부르더라고요. 이젠 보리가 오빠가 아니라 동생이 되어 버렸네요(웃음). 주아는 항상 자기보다 훨씬 작은 보리를 지켜줄 거라 이야기해요.

때론 가족으로, 때론 친구로. 서로가 없는 보리와 주아의 모습이 상상이 되질 않아요.
태어났을 때부터 함께 시간을 보낸 게 큰 의미가 있었던 거 같아요. 가정에 아기가 태어난다 하면 신생아 시기를 보낼

때까지는 강아지를 주변 가족분들께 맡기는 경우도 많다 하더라고요. 하지만 저는 좀 다르게 생각했어요. 평생 함께 할 가족이니 더욱 빨리 서로를 알아가야 한다고 생각했죠. 이런 제 마음을 알아주었는지 아이들은 자연스럽게 가족이 되었습니다. 주아가 아기 침대에서 내려오는 그 순간부터 매일 함께 잠을 자고, 주아는 뒤척이다가도 보리가 곁에 있는 것이 느껴지면 보리를 꼬옥 안고 다시 잠에 빠지기도 하면서요.

둘의 이야기를 듣고 있으니 마치 동심의 세계에 여행을 온 기분이에요.

주아가 말을 하기 시작하면서 더 많은 시간을 함께 보냈어요. 보리의 입장에선 지루할 수도 있는 역할놀이인데, 언제나 싫은 티 한번 내지 않고 주아의 환자, 학생, 인형이 되어 줬답니다. 요즘 주아가 보리도 말을 했으면 좋겠다는 이야기를 하더라고요. 보리가 자신에게 "주아야" 하고 불러 줬으면 좋겠대요. 또 보리를 말없이 빤히 쳐다보기도 해요. 주아로서는 함께 성장했는데 보리만 말을 할 수 없으니 의문스러운가 봐요. 하지만 둘은 이미 깊은 대화를 나누고 있어요. 같이 창밖을 바라보고 산책을 하고 같은 자세로 낮잠을 자면서 아이는 깊은 교감을 나누었어요. 그 모든 순간들이 말보다 더 의미 있는 교감이란 걸 주아도 곧 깨닫겠죠?

주아는 보리를 통해 많은 걸 배우고 있는 것 같네요.
맞아요. 보리와 함께 생활하며 많은 것들을 배워가고 있어요. 주아에게 생명의 소
중함에 대해 늘 이야기했거든요. 길고양이를 만나면 큰소리를 내지 않기, 산책하
는 강아지들에게 조심히 인사하기 등 다른 생명들과 더불어 살아가는 방법을 자
연스럽게 알려주게 되었어요. 보리를 통해 다른 존재들의 소중함을 아는 아이로
자랐으면 해요.

두 아이는 둘도 없는 소울메이트군요.
주말에는 저, 남편, 주아 그리고 보리 이렇게 네 식구가 다
같이 산책을 나가요. 유모차에 타고 있던 주아는 이제 훌
쩍 커서 자기가 보리의 리드줄을 잡겠다고 하며 앞장서요.
두 아이는 여기저기 구경을 하고 소소한 대화를 나누며 산
책을 한답니다. 그 시간에 이루어지는 모든 대화들이 소중
해요.
또 둘은 같이 바깥 풍경을 구경하는 걸 좋아해요. 그 뒷모
습을 보는 게 저의 행복이기도 하고요(웃음). 보리가 지나
가는 사람이나 강아지들을 보고 질문을 하면, 주아가 달려
가서 대답을 해줘요. "보리야 저기 멍멍이가 지나가네. 왜?
나가고 싶어? 바람이 많이 불어." 이렇게 두 아이가 조곤조
곤 대화를 나눈답니다. 그 모습을 보고 있으면 '어쩌면 보리
가 눈으로 전하는 대답이 주아에게는 들리지 않을까?' 하
는 생각이 들어요.

세상 밖으로 나와도 괜찮아

IT'S OKAY
TO COME OUT
INTO THE WORLD

작은 켄넬 속, 어두운 그림자 안에서 두려움에 떨고 있는 강아지. 어디선가 들려오는 다정한 목소리에 귀가 쫑긋거린다. "밖으로 나와도 괜찮아." "우리 같이 사랑받자." "세상엔 신나고 재밌는 일들이 많아." 매일같이 들려오는 소리에, 있는 힘껏 용기를 내어 한 발짝 내딛는다.

글·사진 이소희 @chun_bong._.bro | 에디터 박조은

은봉 "세상은 무서운 곳이야."

제가 아기였을 때는 매일매일 무서운 일들만 가득했어요. 다신 생각하고 싶지 않아요… 두려움에 떨다가 정신을 차려보니 보호소 뜬장 안이었죠. 보호소는 춥고, 냄새도 나고, 무엇보다 가족을 잃은 친구들의 비명 소리가 계속 계속 들려왔어요. 눈과 귀를 닫고 벽만 바라보면서 시간을 보냈어요. 벽을 보고 있으면 빠르게 뛰던 마음이 조금씩 천천히 뛰었거든요.

춘식 "나에게 동생이 생긴다고?"

3년 전쯤인가… 엄마 아빠가 유기견 보호소에 봉사를 하러 갔어요. 거기 다녀오고 나서부터 하루종일 '포인핸드' 앱을 들여다 보더라고요. 그러던 어느 날 아빠가 사진 한 장을 보여줬어요. 사진 속에는 더벅머리 강아지 한 마리가 벽을 보고 앉아있었어요. '이 아이는 왜 벽만 보고 있는 거지?' 궁금했어요. 우리는 오랫동안 그 아이에 대한 이야기를 나눴고, 결국 우리집에 데려오기로 결정했어요. 다시 세상을 마주볼 수 있게 도와주고 싶었거든요. 사실 엄마 아빠는 옛날부터 저에게 동생을 만들어주고 싶었대요. 그래서 틈틈이 강아지가 여러 마리인 집에서 해야 할 일과 가족이 되는 방법을 공부했어요. 외동으로 살아온 제가 혹시나 상처를

받지는 않을지 걱정하면서요.

은봉 "아무것도 믿을 수 없어."

뜬장 속에서 하루하루 긴장되는 시간을 보내고 있었는데, 어느 날 엄마 아빠가 찾아왔어요. 그렇게 기적처럼 뜬장에서 나왔어요. 하지만 행복해질 수 있을 거라는 희망 같은 건 없었어요. 몸도 마음도 너무나 지쳐 있었거든요.

보호소에서 나와서 엄마 아빠와 함께 차를 타고 병원으로 갔어요. 소독약 냄새가 진하게 나더라고요. 먼저 몸무게를 재는 기계 위에 올라갔어요. 몸무게가 3kg 정도로 나왔어요. 의사 선생님이 깜짝 놀라시면서 "중형견이 이정도 상태라면 언제 강아지별로 떠나도 이상하지 않을 정도"라고 하셨어요. 그때 저는 진짜 말랐었거든요. 갈비뼈가 다 보일 정도였어요. 보호소에서는 항상 긴장하고 있어서 밥이랑 물을 먹기가 힘들었거든요. 심장에는 나쁜 벌레가 있었고, 걸어본 지가 오래되어서 걷는 방법도 까먹었어요. 엄마는 '내가 이 아이를 완벽히 케어해줄 수 있을까?' 하는 걱정이 밀려와서 심장이 쿵 하고 내려앉았대요. 그때 의사 선생님이 제 부드럽게 쓰다듬어 주시면서 "아가 넌 살았어, 넌 이제 살 수 있어"라고 얘기해 주셨어요. 엄마는 그 모습을 보고 결심했대요. 저를 온종일 업고 다니는 한이 있더라도 함

께하겠다고 말이에요. 병원에서 나와서 집으로 갔어요. 그 날 집까지 가던 길이 잘 기억나지 않아요. 엄청나게 긴장했 거든요. 집에 도착하고 조금 시간이 지나니까 세상이 조용 해졌어요. 켄넬 속에 들어와서 벽을 마주 보고 나서야 한숨 놓을 수 있었죠. 나중에 알게 되었는데, 벽만 바라보고 있 는 게 강아지 친구들의 우울증 증상이라고 하더라고요. 더 이상 상처받지 않기 위해서 스스로 마음의 벽을 세우는 거 라나요. 그때의 제 마음을 돌아보면⋯ 그 말이 맞는 것 같 아요. 행복해질 수 있다는 희망 자체가 없었거 든요. 집에 왔을 때에도 '여기는 새로운 뜬장인 가 보다' 생각했어요. 그러던 제게 춘식이 형이

다가왔죠.

춘식 "은봉이 혼자 심심하지는 않을까?"

동생이 집에 오는 날, 저는 설레는 마음으로 마중을 나갔 어요. 집 앞에서 처음 만난 은봉이는 몸도 마음도 많이 아 파 보였어요. 엄청 말랐더라고요. 저는 원래 다른 강아지들 에게 큰 관심도 없고 잘 어울리는 편도 아닌데⋯ 은봉이는 뭐랄까⋯ 다른 아이들과는 조금 달랐달까요? 마음의 문을 닫은 모습을 보니 안쓰러웠어요. 집 앞에서 잠깐 동안 서로 의 냄새를 맡고 들어가기로 했어요. 원래 새로운 강아지가 처음으로 집에 오면 그렇게 하는 게 좋대요. 킁킁 냄새를

맡아보니 은봉이의 몸에서는 처음 맡아보는 안 좋은 냄새가 났어요. 그런데 은봉이는 제 냄새를 맡을 힘도 없어 보였어요. 많이 지쳐보이는 모습에 일단 집 안으로 들어갔죠. 엄마는 은봉이에게 혼자만의 공간을 선물했어요. 우리 집에서 제일 조용한 부엌 한편에 울타리를 치고 그 안에 혼자 있을 수 있게 해줬죠. 하루빨리 친해지고 싶었지만, 엄마는 은봉이에게 적응할 시간이 필요하다며 저에게 조금만 기다려달라고 했어요. 하지만 저는 너무 궁금했어요! 우리 집에 왔으니 이제 제 동생이잖아요? 동생은 형이 챙기는 거고요. 그래서 엄마가 밥과 물을 챙겨주기 위해 은봉이의 공간에 들어갈 때 잽싸게 따라 들어갔어요. 그때마다 은봉이는 항상 어두운 켄넬 안에서 웅크리고 있었어요. '저렇게 혼자 있으면 심심하지 않을까?' '이렇게 좋은 집이 있는데 왜 좁은 켄넬 안에서 나오지 않을까?' '어떻게 하면 밖으로 나오게 할 수 있을까?' 조심스럽게 말을 걸어봤어요.

은봉 "나도 행복해질 수 있을까."
켄넬 속에서 벽만 바라보고 있는데, 누군가 계속 말을 걸어왔어요. 처음엔 무슨 말을 하는 건지 하나도 이해할 수가 없었어요. '도대체 무슨 말을 하는 걸까? 그냥 날 좀 내버려뒀으면' 하고 생각했죠. 그런데 제가 아무 반응을 하지 않아도 춘식이 형은 계속 찾아오더라고요. 아프게 하지도, 배고프게 하지도, 무섭게 하지도 않았어요. 처음 보는 폭신한 인형이랑 맛있는 간식들을 갖다 줬어요. 냄새나는 배변패드도 열심히 치워주고요. 매일 매일 다정한 말들을 들었어요. 그러다 보니 어느새 긴장했던 마음이 말랑말랑해지고,

나한테 말을 걸어주는 춘식이 형이 궁금해졌어요. '용기를 내서 한발짝 나가볼까?' '저 형이 밖에 있으면 괜찮을 지도 몰라'라는 생각이 들었어요. 그러다가 나중에는 '나도 행복해질 수 있을까?'라는 생각까지 들기 시작했죠. 어느새 '여기서 나가도 될까?'라는 희망이 생겨났어요.

춘식 "세상 밖으로 나와도 괜찮아."
은봉이에게 다가가서 계속 말했어요. "여기는 따뜻해." "나와 봐, 엄청 좋아" "나와서 나랑 놀자!" 하고요. 반응이 없으니 문도 긁어봤어요. 그런데 은봉이는 세상이 많이 무서웠나 봐요. 더 움츠러들더라고요. 그래서 방법을 바꿨어요. 장난감들을 잔뜩 물어와서 켄넬 앞에 쌓아 뒀죠. 제가 가장 아끼는 장난감도 췄다니까요! 하지만 은봉이는 시간이 더 필요해 보였어요. 해줄 수 있는 게 뭐가 있을까 생각하다가 배변패드에서 냄새가 나는 게 걱정이 되어서 치워줬어요. 엄마는 그 모습이 가장 애틋했다고 해요.

은봉 "한 발 내딛어 보자."
시간이 지나면서 한 발 한 발 켄넬 밖으로 나가보곤 했어요. 춘식이 형이 매일 와서 "나와도 괜찮다"고 말해주니까 조금씩 용기가 생기더라고요. 나중에는 부엌 울타리까지는 나와서 슬쩍 가족들을 지켜보곤 했죠. 가족들이랑 눈이 마주치면 다시 마음이 무서워져서 켄넬로 쏙 숨어버렸지 만요. 그러다가 집이 유난히 조용한 날이 있었어요. 엄마 아빠가 회사에 가고 저랑 춘식이 형만 집에 있던 날이었죠. 그날따라 뭐든 해낼 수 있을 것 같다는 기분이 들었어요. 심장이 쿵쿵 뛰었지만 용기를 내서 부엌 울타리 밖으로 기어 나갔어요. 춘식이 형은 평소처럼 어슬렁어슬렁 부엌으로 다가오고 있었어요. 그러다 울타리 밖에 나와있는 절 발견하고는 '이게 무슨 일이지?' 하는 어리둥절한 표정을 지었어요. 하지만 이내 드디어 기분이 좋아졌는지, 평소에는 절대 하지 않던 '쓰레기봉투 뜯기 놀이'를 시작했죠. 아직은 조심스러웠지만, 형을 따라서 조금씩 봉투를 뜯어봤어요. 너무너무 재밌더라고요! 태어나서 그렇게 신나는 기억은 처음이었어요. 그렇게 한참을 놀다 보니 엄마가 집에 돌아왔어요. 저는 후다닥 다시 부엌으로 뛰어 들어갔고요. 형은 그제서야 엉망진창인 집안이 눈에 들어왔대요. 혼날 줄 알고 마음을 졸이고 있었는데, 엄마는 형을 끌어안고 칭찬을 해줬어요.

춘식 "하나뿐인 내 동생에게."

은봉이가 마음을 열고부터는 즐겁게 지내는 방법을 차근
차근 알려줬어요. 따라하기 쉬운 장난감 놀이와 터그 놀이
하는 방법부터요. 어떻게 노는지 보여 주고, 직접 해볼 수
있도록 시간을 줬어요. 그 다음에는 제가 화장실에 갈 때마
다 데리고 가서 쉬야랑 꿍아하는 모습을 보여줬어요. 머리
가 좋아서 가르쳐 주면 금방금방 잘 따라 하더라고요. 너무
기특하지 않나요? 이제는 장난감도 잘 가지고 놀고, 산책
도 잘하고, 화장실도 잘 가요. 물론 아직도 손이 많이 가는
아이예요. 무서운 것도 많고 극복할 것도 많죠. 하지만 어
쩌겠어요? 제 동생인데. 제가 평생 돌봐 줘야죠.

은봉 "하나뿐인 우리 형에게."

저는 이제 다시 세상과 눈을 마주치고 있어요. 가족들의 사
랑 덕분에 누구보다 환하게 웃을 수 있게 되었죠. 강아지
모델까지 하고 있답니다. 어른 강아지라면 자기 밥값은 자
기가 벌어야 되는 거 아닌가요(웃음)? 하지만 아직도 가끔
씩 과거의 기억이 튀어나오곤 해요. 트라우마라는 게 쉽게
없어지지 않는 거더라고요. 특히 누군가 발을 만지면 긴장
이 되고 심장이 빨리 뛰어서 깨갱깨갱 비명을 참을 수가 없
어요. 발톱을 깎거나 산책이 끝나고 발바닥을 닦을 때마다
마음이 힘들어요. 하지만 제게는 힘들어할 때마다 먹던 간
식도 내팽개치고 달려와주는 춘식이 형이 있어요. 형이 영
원히 내 곁에 있어줬으면 좋겠어요.

PERFECT HARMONY
CREATED BY 3 NOTES

바다 건너 불완전한 존재들의 소리가 들려온다. 휠체어 바퀴가 굴러가는 소리, 귀가 들리지 않는 늙은 개의 하울링, 나이 어린 보조견의 칭얼거림까지. 세 개의 소리가 그들만의 음표가 되어 오선지에 찍힌다. 하루는 여유로운 아다지오Adagio 점점 느리게로, 하루는 쾌활한 스타카토Staccato 음의 길이를 줄여 짧게 연주하라는 악상 기호로 연주된다. 그리고 세 음표가 겹쳐지는 순간 하나의 완벽한 가족이 탄생한다.

글·사진 Bridget Evans @lily_evans_service_pup | 에디터 박조은

불완전한 음표가 만들어 낸
완벽한 하모니

휠체어와 발자국 소리의 이중주

어느 날, 보조견 릴리(Lily)와 산책을 나선 브리짓(Bridget)의 휠체어가 구덩이에 빠졌다. 한참을 낑낑거렸지만 바퀴는 굴러갈 생각이 없는 듯하다. 상황을 지켜보던 릴리는 도움을 청하기 위해 주변을 살핀다. 지나가던 행인과 눈이 마주치자 그의 앞에 다가가 앉는다. 릴리의 시그널을 이해한 행인은 다가와 휠체어를 밀어준다. 브리짓은 행인에게 감사를 전하고, 사랑스러운 눈으로 릴리를 바라보며 간식을 건넨다.

안녕하세요. 반려견 킨리(Kinley), 보조견 릴리와 살아가고 있는 브리짓이에요. 저는 선천적으로 '척추 분리증(척추의 연결부위가 약하게 태어난 병)'을 갖고 태어나서 두 다리를 쓰지 못해요. 하지만 다른 사람들처럼 일도 하고 취미생활도 하면서 자유롭고 행복하게 지내고 있죠. 장애인들을 돕는 보조견을 관리하는 센터에서 후보 강아지들을 교육하는 자원봉사도 하고 있어요. 어릴 적부터 함께 살았던 보조견 콜(Cole)을 만난 이후로, 그들이 한 사람의 삶에 얼마나 큰 영향을 주는지 알게 되었거든요.
릴리는 항상 저와 킨리를 지켜보는 최고의 보조견이자 소중한 가족이에요. 휠체어 밖으로 떨어진 물건을 주워 주고, 문을 열어주고, 불을 켜거나 꺼주고, 약을 갖다 주고, 고통스러울 때마다 지압으로 치료해 주는 등 정말 많은 일을 하고 있답니다. 릴리가 없었다면 큰일 날 뻔했던 상황도 많았죠. 한 번은 몸 상태가 정말 갑작스럽게 안 좋아진 날이 있었거든요. 옆 방에 둔 약을 가지러 가야 하는데, 몸을 일으킬 수조차 없었어요. 당황하던 그때 릴리가 약과 물을 갖다 줬어요. 제가 부탁한 것도 아닌데 말이에요. 그리고는 상태가 나아질 때까지 곁을 지켜줬죠. 가족들을 도울 때 눈빛이 가장 빛나는, 똑똑하고 멋진 개예요.

손과 꼬리로 연주하는 협주곡

푸른 잔디 위에서 킨리가 친구들과 함께 달린다. 신이 나서 달리던 아이들은 이내 보호자가 부르는 소리를 듣고 되돌아온다. 귀가 들리지 않는 킨리만이 더 멀리 뛰어간다. 한참을 달리다 정신을 차려 보니 주변에 아무도 없다. 한없이 조

용한 세상에 홀로 남겨진 킨리는 당황하지 않는다. '엄마는 언제나 날 바라보고 있을 거야' 차분하게 눈으로 브리짓을 찾는다. 그 믿음에 보답하듯 바로 눈이 마주친 브리짓이 손으로 말한다. "이리 와. 내 옆으로 와."

저는 어린 강아지들을 집에 데려와서 보조견으로 교육시키는 봉사를 하고 있어요. 시각장애인 안내견이 될 아기 리트리버를 위탁 교육하는 '퍼피워킹' 아시죠? 그 제도와 비슷한 봉사라고 생각하시면 될 것 같아요. 킨리는 어린 시절에 보조견이 되기 위한 교육을 받으러 저희 집에 왔어요. 그런데 만난 지 얼마 지나지 않았을 무렵 선천적인 질병이 있다는 걸 알게 되었죠. 하루에도 몇 번씩 사지가 뻣뻣해지는 발작을 일으켰거든요. 그때부터 미국 전역을 돌아다니며 유명한 수의사들을 만났어요. 수많은 동물병원에서 수없이 많은 검사를 받았지만 정확한 병명조차 알아낼 수 없었죠. 많은 수의사들이 "이 아이는 어른이 될 때까지 버티기 어려울 것 같으니 살아있을 때 최대한 행복하게 만들어 주세요"라고 말했어요.
하지만 지금 킨리는 11살 어른이 되어 건강하고 행복한 삶을 살고 있어요. 병의 후유증으로 소리가 들리지 않지만 그 생활에도 곧 적응했고요. 오히려 다른 개들보다 많은 경험을 하면서 삶을 만끽하고 있답니다. 마치 삶이 행운처럼 주어졌다고 생각하는 것 같아요. 엄청나게 긍정적인 성격으로 살아가고 있거든요(웃음). 혹시 디즈니 애니메이션 〈니모를 찾아서(Finding Nemo)〉를 보셨나요? 그 영화에 나오는 파란색 물고기 캐릭터 '도리' 아세요? 도리는 단기 기억 상실증에 걸렸음에도 항상 웃으며 "계속 헤엄쳐, 계속 헤엄쳐"라는 노래를 부르며 신나게 헤엄치는 물고기예요. 킨리는 그 캐릭터처럼 삶의 모든 순간을 즐겨요. 눈앞에 있는 즐거움에 집중하죠.
킨리와는 수화를 통해서 대화하고 있어요. 어린 시절 보조견 교육을 받을 때 손짓 언어를 배웠거든요. 보조견을 교육할 때 특정 단어들은 손짓으로 전달해요. 사람이 많고 시끄러운 곳에 있을 때도 정확히 소통해야 하니까요. 소리를 들을 수 없게 된 이후로는 더욱 많은 어휘를 배우게 되었죠. 우리 가족에게 손짓 언어로 대화하는 건 자연스러운 모습

이랍니다. 가끔씩 잠들어 있거나, 저를 보지 못하는 상황에서는 소통이 어려울 때가 있었는데요. 이제는 여동생인 릴리가 도와주고 있으니 더할 나위 없이 완벽하죠.

두 리트리버의 고요한 칸타빌레

한가로운 오후, 두 자매가 따뜻한 햇살 아래 한 침대에서 늘어지게 낮잠을 잔다. 그런데 킨리가 갑자기 온몸을 파르르 떨며 발버둥을 친다. 몸을 포개고 자던 릴리가 눈을 번쩍 뜬다. 몸을 일으켜 곰곰이 생각하다 결론을 내린다. '언니가 나쁜 꿈을 꾸고 있구나.' 다행히 동생은 귀가 들리지 않는 언니를 놀라지 않게 깨우는 방법을 알고 있다. 다정한 눈빛으로 부드럽게 언니의 얼굴을 핥는다.

릴리는 킨리가 악몽을 꾸면 뽀뽀로 깨워주고요. 집에 누군가 찾아오면 가장 먼저 달려가서 '누군가 우리 집에 왔다'고 알려줘요. 함께 노는 방법도 스스로 개발했어요. 보통 개들은 삑삑거리는 장난감 소리를 들으면 반응하지만, 킨리는 듣지 못하잖아요. 그래서 눈 앞에 장난감을 두고 같이 놀자는 자세를 취해요. 그렇게 함께 있는 모습을 보면 정말 행복해져요. 지금까지 수많은 개들을 만났지만 이렇게 서로 사랑하는 개들은 본 적이 없어요. 괴롭히거나 싸운 적조차 한 번도 없어요. 장난감도 공유하고, 나란히 산책하고, 심지어는 침대도 같이 써요. 각자의 침대가 마련되어 있는데도 말이에요(웃음).

귀가 들리지 않는 킨리가 일방적으로 릴리의 도움을 받고 있는 것처럼 보이지만, 자세히 들여다 보면 둘은 서로에게

큰 도움을 주고 있어요. 릴리는 창문 닦는 사람이 집에 방문하면 조금 긴장하는데요(커다란 도구로 창문 닦는 행위가 무섭게 느껴지나 봐요). 그렇게 마음이 불안해질 때마다 킨리의 곁에서 안정을 찾아요. 때로는 귀찮은 동생처럼 굴기도 해요. 장난감을 가지고 가서 놀자고 조르거나, 몸 위에 철퍼덕 앉죠. 그러면 킨리는 차분하고 친절한 태도로 '우리 서로를 존중하자'고 말해요(웃음).

세 음표가 만들어 낸 하모니

길고 긴 해가 지는 여름날의 저녁, 세 가족은 노을이 비치는 호숫가에서 산책을 즐긴다. 강아지 자매는 휠체어 속도에 맞춰 천천히 걷다가 별장에 도착하면 하네스를 풀고 달리기 시작한다. 물가에 도착한 아이들이 숨을 고르며 엄마를

돌아본다. 천천히 다가와 킨리에게 반려견용 구명 조끼를 입히는 브리짓. 자매는 한껏 신난 몸짓으로 물에 뛰어든다. 그 모습을 바라보던 브리짓은 미소를 짓는다.

우리는 서로를 사랑하고 돌보는 것을 즐겨요. 그리고 우리 사이에서 공유하는 특별한 유대감과 우정을 감사하게 생각하죠. 먼저 저와 릴리와의 관계는 매우 중요해요. 말 그대로 제 생명이 달려있으니까요. 릴리 없이는 이 도시에서 혼자 살아갈 수 없을 거예요. 킨리와 제 관계는 사랑과 기쁨이에요. 함께하는 것만으로도 행복하고 서로의 보살핌에 의지하죠. 릴리와 킨리는 세상에 둘도 없는 친구이자 자매고요. 우리의 관계에는 아주 깊은 믿음이 깔려 있어요. 평생 서로의 건강과 행복을 돌봐 줄 것을 굳게 믿고 있답니다.

LIVE YOUR LIFE TODAY, IT'S BLINDING

오늘을 살아가세요, 눈이 부시게

어느 날 모든 빛이 사라져서 끝없는 어둠이 계속 된다면 우리는 어떻게 살아가게 될까? 어제까지 보이던 세상이 오늘부터는 갑자기 보이지 않게 된다면? 그런 어둠 속을 헤매 본 강아지가 환하게 웃으며 말한다. 칠흑 같은 어둠 속에서 향기로운 시그널을 발견하게 될지도 몰라요. 그러니 어제와 다른 오늘을 살아가세요, 눈이 부시게.

글·사진 수연과 지혜 @dreaming_gomi | 에디터 박조은

우리가 너의 두 눈이 되어줄게

안녕하세요. 곰이의 이야기를 담을 수 있게 되어서 정말 기쁴요. 멜로우 독자분들께 곰이를 소개해 주세요.
반갑습니다. 곰이는 큰 귀가 매력적인 8살 아메리칸코커스패니얼 공주님이에요. 아빠, 엄마, 그리고 두 언니와 살고 있고요. 멍비티아이(MungBTI) 내향형과 외향형을 오고 가는 변화무쌍한 성격을 가지고 있어요. 산책을 나가면 온갖 기둥과 담벼락에 쉬야 시그널을 남기는 강아지랍니다 (웃음).

지금은 마냥 해맑아 보이는 곰이에게 아픈 과거가 있다고 들었어요.
2022년 2월, 벌써 1년이 지났네요. 저희 자매는 여행을 떠나 있었는데 저녁 늦게 엄마한테 연락이 왔어요. 평소에 감

정 표현이 많지 않으신 분인데 울먹이시며 "내 탓이다, 내 탓이야. 곰이 불쌍해서 어떡하니?"라고 말씀하시더라고요. 심장이 덜컥 내려앉았죠. 엄마는 여느 때처럼 곰이와 산책을 하고 계셨대요. 그런데 그때 과속 운전을 한 택시가 달려든 거죠. 사고 장소는 어린이보호구역이었고 운전자의 부주의가 확실한 상황이었어요. 그런데 기사분은 되려 "돈 벌고 싶어서 일부러 치이게 한 거 아니냐" 같은 말도 안 되는 말을 했어요. 엄마는 그날의 일로 충격이 커서 한참 동안 말문을 닫고 마음의 문도 닫으셨죠.

그 소식을 들은 저희 자매는 바로 집으로 돌아왔어요. 그리고 곰이의 처참한 모습을 보게 됐죠. 두 눈은 새빨갛게 충혈되어 돌출된 상태였고 눈 주변도 잔뜩 부어 있었어요. 급하게 방문한 동네 동물 병원에서는 시력을 회복할 가능성

이 없다고 말했지만 희망을 놓을 수가 없었어요. 그래서 전국에 있는 안과 전문 동물 병원을 찾아 전화 상담을 받고, 서울대학교 수의대 병원에 응급으로 내원을 해서 재검사를 받았어요. 그곳에서 시신경이 이미 다 손상되어 시력 회복은 기대하기 어려울 것 같다는 진단을 받았죠. 모든 희망이 무너지는 순간이었어요. 가슴이 아파서 정말 많이 울었어요. 곰이는 하루아침에 사랑하는 가족들, 함께 지내 온 공간, 좋아하는 산책길 모두 볼 수 없게 된 거잖아요.

너무 화가 나고 속상해요··· 얼마나 힘들었을까 상상조차 안되네요.

곰이는 사고가 난 직후 며칠간 대소변을 보지 않았어요. 아무 데나 쉬야를 해도 혼내지 않을 테니 제발 좀 하라고 얼마나 얘기했나 몰라요. 그뿐만 아니라 음식도 먹지 않고 물도 마시지 않았어요. 주방에서 부스럭거리기만 해도 방에서 달려 나오던 아이가 코 앞에 맛있는 사료를 줘도 먹지 않더라고요. 일부러 옆에서 그 좋아하던 삼겹살을 구워도 봤는데 먹지 않았어요. 지금 와서 생각해 보면 앞이 보이지 않는다는 불안감과 당황스러움이 모든 일상을 멈추게 하지 않았을까 싶어요. 또 마음이 자꾸 불안했는지 어린 시절처럼 자꾸 무릎 위로 올라왔어요. 안정감을 느끼게 해주고 싶어서 가족들이 번갈아 가며 안아 주고 계속해서 소리를 내서 우리가 곁에 있단 걸 알렸어요. "항상 곁에 있을 테니까 무서워하지 마. 우리가 너의 두 눈이 되어 줄게"라고 계속 속삭여줬죠.

곰이와 소통하기 위해서 새로운 소통 방법을 사용하셨는데요. 그중 몇 가지 방법들을 소개해 주실 수 있나요? 같은 상황에 놓인 분들께 큰 도움이 될 것 같아요.

곰이처럼 후천적으로 시각장애를 갖게 된 경우에 다른 보호자들은 어떻게 대처하고 있는지 열심히 알아보고 공부했어요. 그리고 몇 가지 방법을 찾아냈죠. 먼저 포스트잇에 아로마 오일을 떨어뜨려 벽마다 붙였어요. 후각을 통해서

집안의 구조를 인지할 수 있게 도운 거죠. 머릿속에 새로운 지도를 그릴 수 있도록 말이에요. 곰이의 동선에 예상치 못한 물건이 놓여있지 않도록 항상 정리 정돈을 하고, 모든 벽과 가구의 뾰족한 부분에는 모서리 보호대를 부착했어요. 곰이가 무언가에 부딪힐 거 같은 상황엔 "쿵"이라는 소리를 내서 알렸어요. 여러 차례 반복해서 들려주니 곰이도 곧 그 시그널을 인식하더라고요. 이제는 "쿵"이라고 말하면 바로 움직임을 멈춰요.

무엇보다 다시 산책을 할 수 있도록 만들기 위해 가장 큰 노력을 했어요. 처음엔 집 앞 계단에 한참 동안 앉아있으면서 바깥의 온도와 습도, 냄새를 느끼게 했어요. 그다음엔

강아지 유모차를 타고 동네를 한 바퀴씩 돌았죠. 잠깐씩 바닥에 내려놓으면서요. 그렇게 수없이 반복하다 보니 곰이가 조금씩 산책에 익숙해지더라고요. 그때부턴 산책을 2인 1조로 다녔어요. 한 명은 곰이의 리드줄을 잡고 한 명은 앞서가면서 곰이에게 길을 알려줬어요. 이름을 부르고, 발을 구르고, 박수를 치고, 방울 소리를 내면서요.

노력 끝에 일상을 되찾기 시작했어요. 곰이가 첫 발을 내디 뎠던 순간이 기억나시나요? 그때 어떤 기분이 들었나요?
처음 산책 연습을 시작했을 때에 곰이는 온몸으로 불안한 시그널을 보내곤 했어요. 땅에서 발을 떼지 않고 부들부들 떨면서 언니들에게 안아 달라고 보챘죠. 그런데 그날은 떨지 않고 네 발로 서더라고요. 드디어 불안함이 조금 해소되었나 싶어서 앞에서 곰이의 이름을 계속해서 불렀어요. 잠깐 주저하더니 발을 서서히 떼더라고요. 아이의 첫 걸음마를 볼 때 엄마의 마음이 이럴까 싶었어요. 정말 기적 같은 순간이었죠!

지금의 곰이는 눈이 부시게 행복해 보여요. 새로운 생활에 완벽하게 적응했나 봐요.
이제는 산책할 때 저희보다 앞장서서 걸어요. 한참을 걷다가 집에 돌아가고 싶어지면 집을 향해서 달리기도 하죠. 도대체 집이 있는 방향을 어떻게 아는지 신기할 따름이에요. 산책이 익숙해지고 나서는 사고 이전부터 좋아하던 숲과 산속을 걷고 싶어 하더라고요. 나뭇가지와 풀숲으로부터 눈을 다칠까 걱정이 되어서 반려견용 고글도 구매했어요. 처음 씌웠을 때는 어색했는지 그대로 멈춰서 한 걸음도 움직이지 않았지만요(웃음). 하루하루 달라지고 밝아지는 곰이의 모습을 보면 마음이 참… 이루 말할 수 없이 행복해져요.

힘든 시간을 함께하면서 오히려 이전보다 더 깊은 교감을 하게 되신 것 같아요.
사실 사고가 있기 전 곰이는 혼자 집에 있는 시간이 길었어요. 가족들이 아침에 나가서 저녁에 들어오는 경우가 많았거든요. 모두 회사에 다니고 있었으니까요. 지금은 오히려 곰이와 보내는 시간이 많아졌어요. 카페에 갈 때도 반려견 동반이 되는 곳을 찾아서 함께 가고, 운동장과 여행도 더 많이 다니게 됐죠. 그러다 보니 곰이는 요즘 애교가 많아졌어요. 또 정서적으로 저희에게 의지하고 있다는 게 온몸으로 느껴져요. 사고 직후에 불안해하던 곰이를 하루 종일 꼭 안아췄었거든요. 아직도 그때 느낀 안정감을 기억하는지 언제 어디서든 안아 주기만 하면 금방 잠이 들어요.

마지막으로 곰이와 같은 아픔을 겪은 아이들과 그 가족들에게 전하고 싶은 말이 있을까요?
눈이 보이지 않는다는 이유로 곰이를 불쌍하게 여기는 분들이 많아요. 하지만 곰이는 전혀 불행하지 않아요. 그 어느 강아지보다 가족과 많은 시간을 보내며 사랑받는 행복한 아이죠. 사고를 당했다는 이유로, 장애가 생겼다는 이유로 버려지는 반려동물들이 많은데요. 어느 날 갑자기 내 가족이 갑자기 눈이 안 보이더라도 그 사람을 길가에 버리거나 외면하지는 않을 거잖아요. 반려견도 똑같은 가족이라는 걸 기억했으면 좋겠어요. 한 번 더 눈을 맞추고, 한 번 더 이름을 불러주고, 한 번 더 안아주면서 아픔을 함께 극복하시길 바라요.

My Cloud
Break The Silence
Of The Sky

구름이 왔어요, 잠든 하늘 깨우러

글 원서연 | 사진 이영진 | 에디터 박재림

하늘의 구름과 꼬리콥터

드넓은 하늘에 헬리콥터가 떴다. 프로펠러가 돌아가는 시끄러운 소리에 귀를 막는 사람들. 그 사이에서 조용히 눈인사를 보내는 이가 있다. 남들에겐 소음일지 몰라도 그에게는 생(生)을 실감하는 소리. 헬리콥터가 떠나고 다시 적막한 창공에 또 다른 친구가 찾아왔다. 프로펠러처럼 꼬리를 돌리며 다가와 포근하게 품에 안긴 구름이 말이다.

헬리콥터 소리가 반가웠던 소녀

중증 청각장애인 원서연 씨는 2살 무렵 고열을 앓은 뒤부터 귀가 들리지 않았다. 보청기를 낀다고 해도 아주 큰 소리가 아니면 효과가 없었다. 청각장애인과 언어장애인을 위한 농학교에서 선생님이 학생을 주목시킬 때 사용하는 커다란 북소리, 초대형 스피커에서 나오는 소리, 헬리콥터가 비행하는 소리 정도를 듣는 게 전부였다.

수어로 소통하는 서연 씨는 손짓을 통해 "어디선가 익숙한 소리가 들린다 싶어서 하늘을 올려다보면 헬리콥터가 날아가고 있어요. 어쩐지 반가운 마음에 눈인사를 하곤 해요. 저 같은 농인(聾人)에게 살짝 들리는 소리가 청인(聽人)에게는 귀가 아플 정도의 소리라는데⋯ '도대체 얼마나 큰 소리이기에 귀가 아픈 걸까' 궁금하기도 해요"라고 전했다.

서연씨는 부모님, 오빠와 함께 살다가 2013년 독립을 하고 자취를 시작했다. 일상의 소리를 듣지 못해 발생하는 불편함이 두드러졌다. 외출 중에는 차량 소리를 듣지 못해 갓길로만 걸었다. 그러면서도 항상 주위를 살피며 신경을 써야만 했다. 집에서도 휴대폰 알람, 초인종과 노크 소리를 놓쳐서 낭패를 겪었다.

"소리를 듣지 못하니까 진동으로 알람을 맞추고 잠이 드는데, 가끔 휴대폰이 굴러 떨어져 알람 진동을 못 느껴서 출근 시간을 지키지 못하는 경우가 많았어요. 또 신용카드를 발급 받을 때나 등기우편물을 받을 때 택배 기사님이 현관문 노크를 하셔도 듣질 못하니까 우체국에 직접 방문해야 했죠. 그럴 땐 정말 귀찮아 죽을 것 같아요(웃음). 사소하지만 불편한 일이 자주 생겼죠."

적막한 하늘에 찾아온 구름

어느 날 대학 후배로부터 청각장애인도우미견(Hearing dog) 입양을 권유 받았다. 소위 '보청견'이라고도 불리는 청각장애도우미견은 초인종, 자명종, 팩스, 이름을 부르는 소리, 물 끓는 소리, 밥솥 소리, 아기의 울음소리, 화재경보, 노크, 차량 경적 등 사전에 교육받은 소리가 들리면 점프, 발로 긁기 등 눈에 띄는 행동으로 사람에게 알리는 역할을 한다.

"이전부터 청각장애도우미견의 존재를 알고 있었고, 어릴 적 강아지를 반려한 경험도 있어서 관심이 있었어요. 하지만 이런저런 사정으로 연이 닿지 않았죠. 그러다 유기견 어미의 배에서 태어나 도우미견센터에서 교육받은 5살 강아지가 갈 곳을 찾는다는 소식을 들은 거예요. 끝까지 책임질 수 있다는 확신이 들었을 때 입양을 결심했어요."

여러 절차를 거쳐 까만 털의 강아지가 서연씨 집으로 온 것은 2018년 1월 3일. 이름은 '구름'이었다. 서연씨는 "도우미견센터에서부터 구름이라고 불렸대요. 동배 형제들 모두 '름'자 돌림이라고 해요. 구름이가 블랙독이지만 하늘엔 하얀 구름만 있는 게 아니잖아요? 먹구름도 있고(웃음). 이미 익숙해지기도 해서 굳이 이름을 바꾸지 않았죠"라고 전했다.

서로의 언어를 이해하며

일반적인 반려견-반려인 관계와는 조금 다른 구름이와 서연씨의 사이. 처음에는 어색한 기류가 흐르기도 했다. 서연씨는 서두르지 않고 구름이 마음을 열고 다가오기를 기다렸다. 곧 구름이가 눈을 맞추기 시작했다. 기초교육 호흡

도 척척 맞았다. 자신감이 생긴 서연씨는 서로 더 이해하고 가까워질 수도 있겠다는 기대에 수어를 가르쳤다.

"간식을 줄 때 기다리라는 뜻의 수어를 보여주고 잠시 대기하는 교육을 했는데 구름이가 빨리 이해를 하더라고요. 수어 이름도 지어줬어요. 구름이가 수어에 관심을 가져줘서 고마웠어요. 구름이는 '간식' '산책' '사랑해' '기다려' '앉아' 등 20개 정도 수어를 알아들어요. 천재견인 거 같아요. '사랑해'라는 수어에 구름이가 반응할 때 가장 행복해요."

서연씨가 손을 아래로 향한 채 검지손가락과 중지, 약지를 앞뒤로 움직인다. 산책을 가자는 의미라고. 수어를 금방 알아들은 구름이가 하늘을 날 듯 신이 나서 '꼬리콥터'를 돌린다. 서연씨와 구름이는 하루에 최소 두 번은 밖으로 나가 산책을 한다. 예전처럼 차 소리, 자전거 소리를 듣지 못하는 건 아닐까 신경 쓸 필요없이 마음 편히 걸을 수 있다.

"수어 말고도 구름이와 의사소통하는 방법이 있어요. 바로 '눈치'예요(웃음). 구름이는 제

가 힘들거나 화가 났을 때는 표정을 살피고는 '무슨 일이야?'라고 물어보듯이 손을 내밀어요. 눈빛으로도 이야기할 수 있어요. 우리는 말하지 않아도 아는 사이예요."

같은 언어를 쓰는데도… 슬픈 아이러니
청각장애는 다른 장애에 비해서 시각적으로 확연하게 드러나지 않는다. 보조견 중에서도 시각장애인을 돕는 강아지는 비교적 널리 알려져 있지만, 청각장애도우미견의 존재는 모르는 사람이 많다. 더군다나 청각장애도우미견은 소형견인 경우가 많아서 일반 반려견과 구별이 어렵다. 청각장애도우미견임을 증명하는 조끼, 목걸이를 착용했음에도 동반 출입을 거부당하는 경우가 빈번하다.
그런 일을 자주 겪었다는 서연씨는 "장애인 복지법 – 제40조 제3항 : 장애인 보조견을 동반한 장애인이 대중교통수단을 이용하거나 공공장소, 숙박시설 및 식품접객업소 등 여러 사람이 다니거나 모이는 곳에 출입하려는 때에는 정당한 사유 없이 거부하여서는 안 된다 – 과 청각장애도우미견을 설명해도 무시하는 사람들 때문에 많이 분노했어요. 민원을 넣으면 몰랐다고 거짓말하는 사람들도 있어요. 뻔뻔한 모습에 열받았어요. 그냥 잘못했다고 하면 되는데 인정하지 않고 거짓말하는 사람이 많아요. 화가 난 저를 구름이가 달래줬어요"라고 전했다. 구름이와 서연씨는 마음을 나누며 소통하는데, 정작 같은 언어를 쓰는 사람끼리 말이 통하지 않는 아이러니.
"아직 청각장애도우미견에 관한 정보가 잘 알려져 있지 않아요. 홍보가 중요하다고 생각해요. 단적으로 시각장애인 안내견은 입장을 환영한다는 스티커가 공공기관과 상가 출입구에 붙어있는데, 청각장애도우미견은 그렇지 않아요. 많은 사람들이 청각장애도우미견에 관해서 알기를 바라요."

혼자와 혼자가 만난 하나
서연씨와 구름이의 사연이 TV 뉴스와 기사, 인터넷 영상 등으로 소개되면서 둘은 농인들 사이에서 유명인사가 되었다. 이후 행동이 조심스러워졌다는 서연씨는 원래 조용한 성격에 혼자 있기를 좋아하는 편이라고 한다. 신기하게도 구름이가 자신의 그런 성격을 쏙 닮았다며 웃는 서연씨.
"혼밥, 혼여(혼자 여행), 혼영(혼자 영화) 등 혼자서 잘 노는 저처럼 구름이도 혼자 있는 걸 좋아해요. 외출해서 강아지 친구를 만나도 얼른 집에 가자고 재촉하죠. 강아지 유치원에 갔을 때도 스트레스를 많이 받았는지 토를 하고 힘들어 했어요. 구름이는 혼자 편하게 먹고 싸고 쉬고 놀고 자는 걸 좋아해요."

서로에게 서로면 충분한 둘은 여행을 자주 다닌다. 바닷가에서 수영도 하고, 비행기를 타고 제주도도 다녀왔다. 경북 영주로 캠핑을 떠나 은하수를 눈에 담았다. 맛집, 영화관, 박람회, 전시회, 백화점 어디든 함께. '강아지와 걷기 대회'도 참여해 추억을 쌓았다.
"구름이 덕분에 일상이 즐거워요. 사실 어렸을 적부터 우울증을 잃았어요. 죽고 싶을 때도 있었죠. 구름이와 함께한 이후로는 힘들어도 잘 버틸 수 있어요. 구름이가 저를 여러 번 살렸다고, 구름이가 없었으면 저도 없을 거라고 생각해요. 악몽을 꾸다가 깨면 구름이를 안고 안정을 찾고 다시 잠들어요. 그럴 땐 구름이가 꼭 든든한 오빠 같아요. 친오빠는 그런 생각이 안 드는데 말이죠(웃음)."

운동 신경도 닮은 사이
서연씨는 어릴 때부터 운동을 좋아했다. 자전거, 태권도, 유도, 수영, 해동검도, 달리기, 자전거, 원반 던지기, 창 던지기, 각종 구기종목 등 다양한 스포츠를 즐겼다. 대학에서 특수체육을 전공한 그는 당구 선수로 활약하며 메달도 여러 개 땄다. 요즘에는 육상 대회 출전을 준비 중이다. 훈련 메이트는 역시 구름이다.
"구름이도 달리기를 잘해요. 구름이가 올해 11살인데, 아마 세상의 열한 살 강아지 중에 가장 빠를 거예요. 저를 닮아서 그런가 봐요. 우리는 등산도 자주 해요. 제주도에 놀러갔을 땐 패들보딩을 같이 했어요. 앞으로 꿈이 있다면 구름이랑 패러글라이딩을 하는 거예요. 강아지도 안전하게 함께 할 수 있다면 말이죠."

소중한 존재, 너의 목소리
지난 5월 21일은 구름이의 열한 번째 생일이었다. 특별하게 아픈 곳은 없지만 어느덧 노견 축에 들었다. 그런 구름이와 최대한 같이 시간을 보내고 싶은 서연씨는 수년 전부터 재택근무가 가능한 직업군에서 일을 하고 있다. 반려견 동반 출근이 가능한 회사를 찾았지만 없어서 아쉬웠다고.
5년째 귀가 되어주고 마음을 나누는 벗이 되어준 구름이를 가리켜 서연씨는 "가장 소중한 친구이자 가족이자 너무 귀엽고 사랑스럽고 착한 천사예요. 화낼 줄도 몰라요. 항상 곁에서 도와줘서 고마워요. 이 세상에서 가장 사랑하는 건 바로 구름이"라고 표현했다. 그런 존재의 목소리를 듣고 싶은 순간이 셀 수도 없이 찾아왔으리라.
"구름이 목소리가 너무 궁금해서 제일 좋은 보청기를, 거의 100만원 짜리를 샀어요. 새 보청기를 끼고 구름이가 멍멍 짖는 소리와 코 고는 소리를 들을 수 있었어요. 작은 소리였지만 구름이의 목소리를 알 수 있어서 무척 기뻤답니다."

A TAIL-TO-TAIL STORY

꼬리에 꼬리를 무는 이야기

글 전승우 @8corgihouse | 사진 감시윤 | 에디터 박조은

웰시코기라는 이름을 들으면 어떤 이미지가 떠올라? 동그랗고 통실한 엉덩이가 가장 먼저 떠오르지. 그런데 왜 웰시코기하면 엉덩이가 연상될까? 거기엔 사실 마음 아픈 이야기가 있어. 오늘 만날 웰시코기 대가족을 보면 알 수 있을 거야. 생소한 뒷모습에서 비로소 실감하게 되는, 꼬리에 꼬리를 무는 이야기를 말이야.

있는 그대로 아름다운

안녕하세요. 8코기네를 만나게 되어서 기뻐요. 멜로우 독
자분들께 소개 부탁드릴게요.

안녕하세요. 물 좋고 공기 좋은 양평에서 여덟 마리 웰시코
기들과 지내고 있는 보호자입니다. 매일 행복한 하루하루
를 보내고 있죠. 저는 어렸을 때부터 개를 너무너무 좋아한
사람이었어요. 하지만 반려견과 이별을 겪은 이후로 다시
반려견과 함께 살 생각을 못하고 있었죠. 그러다가 지금의

아내를 만났는데, 아내의 소원이 개와 사는 거였어요. "안 된다. 나중에 정말 힘들 것이다" 하고 반대했는데 아내가 정말 간절히 원하는 거예요. 고민하고 또 고민하다가 결국 '레고'와 '제니'를 데려왔죠.

그럼 레고와 제니가 만나 지금의 대가족이 된 건가요?
함께 지낸 지 얼마 안 된 어느 날 제니에게 발정기가 왔어 요. 출근 전에 레고와 제니를 각각 다른 공간에 분리해 두 고 출근을 했어요. 조금 안일하게 생각했던 거죠. 집에 돌 아오니까 둘이 다정하게 같이 있는 거예요. 깜짝 놀랐죠. '아니겠지… 아니겠지…' 생각하면서 지내는데 제니 배가 점점 불러오더라고요. '아니야. 이건 살이 찐 걸 거야…' 생 각했어요.

"I HOPE THE WILL BE A WORLD WHERE WELSH CORGIS CAN BE LOVED AS THEY ARE. PLEASE DO NOT CUT THE FLUFFY BEAUTIFUL TAILS LIKE THIS ANY MORE."

끝까지 부정하셨네요(웃음). 많이 당황스러우셨을 것 같아요.

아무래도 그렇죠(웃음). 병원에 갔는데 수의사님이 제니 뱃속에 여섯 마리에서 일곱 마리 정도가 들어 있는 것 같다고 하는 거예요. 그때부터 마음의 준비를 하고 아이들을 어디로 보내야 할지 고민하기 시작했어요. 그런데 아이들을 데려가겠다는 사람들이 "우리집은 전원 주택이라 마당이 넓으니 마당에 묶어 놓고 키우겠다" "애견 카페에 상주할 강아지가 필요해서 데려가겠다" 이런 말도 안 되는 얘기를 하는 거예요. 한 마리 한 마리 직접 손으로 받아서 케어한 애들인데 그렇게 살게 내버려 둘 수가 없더라고요. 결국 모두 함께 살기로 결정했죠. 바로 6개월 동안 강아지 훈련사 아카데미를 다녔어요. 1년 동안 시골에 위치한 전원 주택도 알아보러 다녔고요. '내가 이 아이들을 제대로 키워야겠다'는 생각으로 가득 했어요.

8코기 아이들은 자연 속에서 자유롭게 뛰어놀 수 있어서 참 좋겠어요. 시골로 이사 와서 가장 좋은 점은 뭔가요?

힐링이죠, 힐링. 모든 순간이 보기 좋아요. 아이들이 기분이 좋을 때 나오는 행동들이 있는데 그게 365일 내내 달라요. 마당에 가만히 앉아서 그 모습을 구경하고 있으면 마치 한 편의 영화나 드라마를 보는 것처럼 즐거워요. 몸을 뒤집어서 흙을 묻히고, 자기들끼리 쫓아다니면서 뛰어놀고, 날씨가 추운 날에도 물에 뛰어들고…(웃음). 엉뚱한 짓들을 많이 하죠. 제일 예쁜 모습은 신이 나서 꼬리를 찰랑찰랑 흔드는 모습이에요. 제가 원반을 들면 8마리 아이들이 제 주위로 싹 모이거든요. "준비!" 외치면 말려 올라간 꼬리를

막 이리저리 흔들어요. 활기차고 풍성한 그 모습이 얼마나 예쁜지 몰라요.

그러게요. 진짜 예쁘네요. 웰시코기들 꼬리가 이렇게 예쁜 줄 몰랐어요.

레고와 제니는 처음 저희 집에 올 때부터 꼬리가 없었지만, 이후에 태어난 6마리의 꼬리는 자르지 않았어요. 이 예쁜 걸 왜 자르겠어요. 아이들은 꼬리 하나로 정말 많은 것들을 표현해요. 가만히 지켜보고 있으면 꼬리로 많은 이야기를 나누는 걸 알 수 있죠. 기분 좋을 때는 꼬리가 올라가서 '나랑 놀자!' 말하는 것도 보이고요. 꼬리가 내려가고 좀 쳐져 있으면 '나 오늘 기분 안 좋으니까 건들지 않았으면 좋겠어'라는 뜻이에요.

꼬리가 없으면 소통하는 데 있어서 어려운 부분이 있겠네요.

아무래도 그렇죠. 제니와 레고 같은 경우에는 꼬리가 없다 보니까 꼬리가 있는 아이들과는 커뮤니케이션이 좀 다르게 진행돼요. 본인들은 호의적인 의미로 다가가는데 상대 친구가 볼 때는 꼬리를 숨기고 다가오는 것처럼 보여서 제니와 레고를 위협적으로 느끼는 경우도 있었고요.

저와 소통할 때도 마찬가지예요. 아이의 마음과 상태를 체크하고 서로 교감해야 하기 때문에, 교육할 때에는 눈과 꼬리를 동시에 보면서 진행하는데요. 그런데 아무래도 꼬리가 보이지 않으니까 부차적인 테스트가 필요해요. 꼬리를 보면 바로 이해할 수 있는데, 꼬리가 없다 보니 다른 방법으로 한 번 더 체크해봐야 하는 거죠.

아이들끼리 소통할 때뿐 아니라, 사람과 교감할 때에도 중요한 역할을 하나 봐요.

강아지와 산책할 때를 생각해보세요. 우리 아이의 꼬리가 신나게 말려 올라가 있으면 기분이 좋은 거고, 혹시 갑자기 축 쳐지면 뭔가 놀라거나 겁먹었을 수 있잖아요. 그럴 때 가서 "괜찮아, 괜찮아" 해줄 수도 있고요. 이런 것들을 전부 체크하고 교감하면서 산책하는 거거든요. 이렇게 중요한 꼬리를 전부 다 가위로 잘라내요. 아기 강아지를 손에 들고 이만큼 커다란 가위로 다 잘라내요. 무슨 나무 가지치기하듯이… 아직도 그런 일이 벌어지고 있어요. 그런 모습을 보면 진짜 화가 나죠.

이렇게 예쁜 꼬리를 도대체 왜…
단미(꼬리를 자르는 행위)의 기원에 대해서는 몇 가지 이야
기가 있는데요. 옛날 유럽에서는 웰시코기가 소와 양을 몰
기 위한 몰이견으로 키워졌어요. 꼬리가 길면 소와 양에게
밟힐 수도 있어서 잘랐대요. 또 하나는 양을 보호하다 보면
늑대를 종종 만나게 되는데, 늑대가 꼬리를 물어서 강아지
를 확 낚아챌 수 있으니 그런 사고를 방지하기 위해 잘랐다
는 이야기가 있죠. 마지막으로는 세금 징수의 방법으로 꼬

리를 잘랐다는 기록도 있어요. 영주에게 자기 강아지의 꼬
리를 잘라 보내서 자신의 집에서 개를 몇 마리 키우는지 마
리 수를 등록하는 거죠.
전부 다 옛날 얘기 잖아요. 지금 반려견을 몰이견으로 키우
거나, 늑대랑 싸우게 하거나, 영주에게 등록할 일은 없잖아
요. 그러니까 지금은 그저 아이들을 판매하기 위해서 아주
어릴 때 꼬리를 다 잘라버리는 거예요. 아기 웰시코기가 엎
드려서 꼬리 없는 엉덩이를 내밀고 뒷다리 쪽 뻗고 있는 사

진 보신 적 있죠? 그런 사진이 인기가 많으니까 계속 꼬리를 자르는 거죠. 그래도 참 다행인 것은, 요즘은 꼬리를 자르지 말자는 메세지가 힘을 얻고 있어요. 길거리에서 꼬리가 있는 웰시코기들도 종종 볼 수 있어요.

변화가 있다니 그나마 다행이에요… 많은 분들이 '단미'에 대해서 한 번 더 생각할 수 있는 시간이었던 것 같아요. 유튜브와 SNS를 통해서 8코기의 일상을 공유하면서 꼭 하나 해내고 싶은 일이 있어요. 이렇게 풍성하고 예쁜 꼬리를 더 이상 자르지 않게 만들고 싶어요. 그거 하나 해내면 정말 좋겠어요. 그래서 인터뷰를 할 때마다 항상 단미하지 말자는 얘기를 하고 있어요. 웰시코기들이 있는 그대로 사랑받을 수 있는 세상이 오면 좋겠어요. 이 글을 읽으시는 분들도 한 번 더 생각해주시면 그런 세상이 조금 더 빨리 오지 않을까 생각해 봅니다!

A Stadium
On The Hand

손 위의 스타디움

푸른 잔디 위 수많은 장애물들이 설치된 경기장. 수많은 선수견과 핸들러가 긴장한 채 몸을 푸는 가운데, 오늘의 주인공 '메타' 팀의 이름이 호명된다. 잔뜩 긴장한 얼굴의 두 파트너가 출발선에 서서 숨을 고른다. 경기 시작 휘슬이 불리기 직전, 네 개의 반짝이는 눈동자에 즐거운 승부욕이 가득하다. 메타야, 준비됐지? Ready - Go!

글·사진 전영환 @my_daility_114 | 에디터 박조은

Ready-Go!
심판이 경기 시작을 선언하는 말. 선수견과 핸들러는 출발선에 서서 이 신호를 기다린다. 지금까지 연습해온 시간들이 헛되지 않도록, 끝까지 최선을 다할 수 있도록 투지를 다지는 날카로운 눈빛이 빛난다. Ready… 큰 숨을 들이마시고 Go! 동시에 땅을 박찬다.

어질리티 국가대표 '메타' 팀 반갑습니다! 소개 부탁드려요.
안녕하세요. 어질리티(Agility)라는 스포츠가 익숙하지 않으신 분도 계실 것 같아서 먼저 설명드릴게요. 어질리티는 반려견과 교감하고 호흡을 맞추며, 정해진 장애물 코스를 정확하고 빠르게 완주하는 형태의 독 스포츠입니다. 저는 어질리티 국가대표 핸들러이자 코치로 활동하는 전영환이고요. 강아지 '메타'와 함께 2022년 세계어질리티대회(WAO)에 출전해 Gambler 종목 5위를 기록했죠. 한국 최고 기록이랍니다! 메타는 대범한 성격을 가진 6살 남자아이예요. 꾸준한 운동으로 만들어진 다부진 근육을 보유하고 있고요. 국내에서 '어질리티 챔피언'이라는 타이틀을 보유하고 있답니다.

수많은 대회를 함께한 메타 팀인데요. 혹시 가장 처음 경기를 했을 때가 기억나시나요?
그럼요. 정확히 기억나요. 2020년 9월 말쯤이었어요. 그때 저와 메타는 어질리티가 아닌 '훈련경기대회'를 준비하고 있었죠. 훈련경기대회는 말 그대로 강아지를 훈련시키는 대회예요. '복종훈련' '기본훈련' '경찰견훈련' 등의 종목이 있어요. 열심히 대회를 준비하던 어느 날, 친한 형이 어질리티 대회에 나간다는 얘기를 하면서 저에게도 나가보는 게 어떻겠냐고 제안했어요. 솔깃하더라고요. 훈련경기대회에 나가기 전에 연습 삼아 나가보는 것도 좋을 것 같았고, 메타가 워낙 힘이 넘치는 데다 집중력도 좋은 편이라서 잘 해낼 것 같다는 생각이 들었거든요.
공간과 장비가 없어서 옆 동네에 있는 강아지 카페에 가서 작은 허들 세트를 가지고 열심히 연습했어요. 준비할 시간이 많이 부족하긴 했지만 그래도 최선을 다했죠. 대회 날 아침에 얼마나 긴장했던지 밥도 못 먹은 건 비밀입니다(웃음). 대회가 주는 긴장감과 완주했을 때의 성취감은 정말 말로 표현하지 못할 만큼 짜릿했어요. 무엇보다 메타와 함께 열심히 뛰며 호흡 맞추는 게 너무나 즐거웠어요. 게다가

첫 경기인데 성적도 잘 나왔답니다. 출전한 4종목의 경기 중 3종목에서 2등을 차지했어요. 그때 느낀 가슴 벅찬 감정들은 평생 잊지 못할 거예요. 이날부터 어질리티의 매력에 푹 빠졌답니다.

스포츠에서 사용하는 언어는 일상 언어와는 조금 다르잖아요. 메타는 어질리티 언어를 처음부터 잘 이해했나요?
음… 잘 이해하는 편이었어요. 초급 단계에서는요(웃음). 사실 어질리티에서 사용되는 시그널을 이해시키는 것보다 교육 자체에 집중시키는 게 더 어려웠어요. 테리어 견의 특성상 대부분 독립적인 성향을 가지고 있고 충동적으로 행동하는 기질이 있어요. 그래서 열심히 연습을 하다가도 갑자기 냄새를 맡으며 다른 곳으로 가버리는 경우도 많았답니다.

Eye Contact
선수견과 핸들러가 눈을 마주하며 교감하는 행위를 칭하는 말. 출발선에서 달려 나가며 눈을 마주친다. 이 순간, 말이 통하지 않더라도 아무런 상관이 없다. 눈빛을 통해 서로에게 같은 마음이 전달된다. "넘어야 할 장애물이 수없이 많더라도 너와 함께 라면 해낼 수 있어!"

이렇게 완벽한 팀이 될 줄은 전혀 상상하지 못하셨겠어요 (웃음).
처음에는 저도 메타도 많이 부족한 상태였기 때문에 '완벽한 팀'보다 '성장하는 팀'이 되고 싶었어요. 함께 많은 시간을 보내려고 노력했죠. 교육이든 스포츠든 무언가를 시작하기에 앞서서 서로 알아가는 시간은 꼭 필요하거든요. 산책을 다니며 걷고 뛰고 여유가 있을 때는 등산을 가거나 바다로

여행을 갔어요. 친해지기 위해 간식도 주고 장난감을 가지고 놀고 자연스럽게 스킨십도 시작하고요.

'이제 우리는 서로를 이해하는구나'라는 생각이 든 순간이 있었나요?
어질리티에 '크로스(Cross)'라는 기술이 있어요. 손과 몸동작을 통해서 강아지에게 가야 할 방향을 알려주는 기술인데요. 강아지가 명확하게 인지할 수 있도록 정확한 타이밍에 완벽한 동작으로 방향을 알려주는 것이 가장 중요해요. 그런데 메타는 특별한 신호를 가르쳐 주지도 않았는데, 제 움직임에 정확히 맞춰서 움직이더라고요. 그 모습을 보고 '말이 통하지 않아도 이렇게 서로 맞춰가고 이해할 수 있구나'라는 생각이 절로 들었어요.

Hand Signal
핸들러가 선수견에게 다음 움직임이 무엇인지 알려주는 모든 손 모양을 칭한다. 함께 달릴 방향과 넘을 장애물을 명확하게 알려주는 시그널이다. 바람을 가르며 달리는 둘. 빠르게 지나가는 풍경 속에서 선수견은 핸들러의 흔들리지 않는 손 모양을 포착한다. 그리고 민첩하게 몸의 움직임을 바꾼다.

메타가 가장 먼저 배운 시그널은 무엇이었나요?
허들을 넘으라는 시그널인 '고(Go)'와 터널을 지나가라는 시그널인 '터널(Tunnel)'이었어요. 운동신경이 워낙 좋아서 허들은 단번에 넘었고요. 겁이 없는 대범한 성격이라 그런지 터널에도 거리낌 없이 쑥쑥 들어가곤 했어요. 어질리티를 처음 시작하는 강아지들이 가장 어려워하는 장애물 중하나가 터널인데요. 터널 안이 깜깜하고 촉감도 생소한 편이라서 무서워하는 경우가 많거든요.

어질리티 경기를 할 때 누구보다 즐거워 보여요. 메타가 제일 좋아하는 코스나 장애물은 뭔가요?
메타는 직선이 많은 코스를 좋아하고 잘해요. 몸에 근육이 많아서 직선 코스에서 힘차게 뛰어갈 수 있죠. 특별하게 선호하는 장애물이 있는 것 같지는 않아요. 아무래도 가장

많이 연습을 했던 '허들(Hurdles)'을 제일 좋아하지 않을까 예상해 봅니다. 메타와 대화를 할 수 있다면 한 번쯤 물어보고 싶네요(웃음). 가장 잘하는 장애물은 '시소(Seesaw)'입니다. 시소는 어질리티에서 유일하게 움직이는 장애물이에요. 내려올 때 "쿵!" 하는 소리가 나서 무서워하는 강아지가 많죠. 하지만 메타는 오르막 끝까지 올라가서 내리막 길이 지면에 닿을 때까지 잘 기다려요.

Queue-Timing
호흡을 맞춰 움직임을 바꾸는 타이밍. 정확한 타이밍에 핸들러는 명확한 시그널을 보내고 선수견은 자세와 방향을 바꾼다. 선수견과 핸들러가 거의 동시에 움직이는 것처럼 보이는 이 타이밍은 숨쉬듯 자연스럽게 이루어지지만, 사실 오랜 시간 연습한 사이에서만 가능한 귀중한 기술이다. 다른 사람들은 절대로 알 수 없는 그들만의 타이밍에는 땀 흘리며 함께한 시간들이 녹아 있다.

여러 대회에 출전하면서 조금은 힘들었던, 경기에 집중하

지 못했던 순간들도 있었을까요?
작년 9월 세계대회를 준비하던 때가 기억나요. 지금까지 메타와 함께한 시간 중에서 가장 큰 슬럼프였죠. 5월 세계대회에서 좋은 성적과 경기력을 보여주며 대회를 잘 마쳤기 때문에, 9월에 열리는 세계대회에서는 더 좋은 기량을 보이겠다고 다짐하며 열심히 연습을 했어요. 연습은 잘 되는데 대회만 나가면 예전만큼의 경기력이 나오지 않더라고요. 대회 당일 컨디션에 문제도 없어 보였는데 경기장만 들어갔다 하면 속도도 느리고 집중하지 못하는 모습이 계속 반복되었어요. 문제의 해결점을 찾지 못한 채 9월 세계대회에 출전했죠. 결국 그 대회에서도 좋은 모습을 보여주지 못했어요.
메타가 경기하는 시간이 더 이상 즐겁지 않은지, 내가 즐기지 않고 있는지… 많은 생각이 들어서 심적으로 힘들었어요.

메타와 원활하게 소통하기 위해 많은 노력을 하셨을 것 같아요.

항상 똑같은 코스를 연습할 수 있으면 참 좋겠지만 어질리티는 대회마다 코스가 다 달라요. 그래서 경기를 하다 보면 장애물을 확인하랴, 메타의 상태를 확인하랴, 다음 기술을 생각하랴… 타이밍을 맞추는 게 참 어렵죠. 타이밍을 맞추기 위해서는 계속 연습하는 방법 밖에 없어요. 메타와 어질리티를 하면서 노력 없이 좋은 결과를 얻을 수는 없다는 걸 뼈저리게 느꼈어요. 제가 부족한 부분은 익숙해질 때까지 혼자 연습하고, 메타가 코스를 이해할 수 있을 때까지 교육하면서 호흡을 맞춰 나갔어요.

한여름에는 날씨가 더우니까 그나마 시원한 새벽 5시에 일어나 연습하고, 하루에 두 번 아침저녁으로 연습하고, 장비와 장소가 없을 때는 주차 고깔과 안전봉으로 직접 허들을 만들어 논밭에서 연습하고, 메타가 쉬어야 할 때는 혼자 자세 연습과 러닝을 하고, 틈틈이 남는 시간에는 어질리티 관련 영상들을 찾아봤어요.

최선을 다하는 모습이 감동적이에요… 그렇게 노력한 경기에서 좋은 성적을 얻으면 메타도 행복해하나요?

제가 진심으로 기뻐하며 칭찬하니, 메타도 덩달아 기뻐하고 좋아해요. 우리 강아지들은 시각, 청각, 후각으로 사람의 감정을 캐치하는 능력을 가지고 있거든요. 또 좋은 성적을 내지 못해도 최선을 다해준 메타에게 잘했다고 칭찬해주고 맛있는 간식과 장난감을 보상으로 주곤 해요. 그러니 경기가 끝나면 늘 행복한 모습을 보여주죠.

Clappin

선수견이 경기에 몰입할 수 있도록 돕는 응원법. 세상에 쉬운 스포츠는 없다. 자신의 한계를 시험하고 뛰어넘기 위해 노력하는 모든 선수견에게 핸들러들은 박수소리를 통해 응원을 보낸다. "잘 하고 있어!" "조금만 더 힘내!" 클래핑 소리를 들은 선수견은 더욱 집중한 눈빛으로, 더욱 빠른 달리기로 응답한다.

큰 산을 여러 번 함께 넘으며 이제는 그 누구보다 깊게 소통하는 관계가 되었어요. 나와 다른 언어를 사용하는 존재와 팀을 이뤄 같은 목표를 향해 달리는 느낌은 어떤가요?

대회에 나가서 상 받는 것도 좋지만요. 강아지와 소통하고 도전한다는 것, 그 자체가 의미 있고 행복한 일이라고 생각해요. 목표를 향해 함께 뛰고 땀 흘리며 서로를 이해하고 어려움을 극복해 나가는 게 얼마나 즐겁고 감동적인 일인지 몰라요.

메타와 어질리티를 하면서 크게 달라진 점이 있으신가요?

처음에는 학교에서 배우는 교과목이자 취미로 어질리티를 시작하고 메타를 만났어요. 하지만 이제는 제 삶의 일부가 되었네요. 저는 무슨 일을 하든지 결과와 미래를 걱정하던 사람이었어요. 그런데 이제는 메타와 함께하는 현재에 집중하고 성장하는 과정을 즐길 수 있게 되었어요. 어질리티를 하면 할수록 인생과 비슷한 점이 많다는 걸 느낍니다. 다양한 장애물들과 유혹을 수없이 직면하고, 시행착오를 거듭하지만 결국에는 경험과 학습으로 장애물과 그 과정을 자연스럽게 극복해 나가죠.

Perfect-Run

경기를 실수 없이 제한 시간 내에 완주하는 것을 칭하는 말. Clean-Run(클린 런)이라고도 하며 최고의 경기를 뜻한다. 결승선을 통과하는 순간, 짜릿한 성취감이 핸들러와 선수견을 감싼다. 실수를 했는지 속도가 느렸는지 경기 결과와 상관없이 최선을 다했다면 후회는 없다. 오늘도 수고한 서로에게 환하게 웃어주며 간식을 나눠 먹는다.

메타 팀의 앞으로의 계획이 궁금해요.

어려운 난이도의 코스를 연습하다 보니, 부족한 점이 한두 가지가 아니더라고요. 어떻게 해결하고 보완할지 계속 고민하고 연구한 끝에 나온 결론은 기초로 다시 돌아가는 거예요. '공든 탑이 무너지랴'라는 속담처럼 기초부터 차근차근 다시 시작해 볼 계획입니다. 우리나라에는 어질리티를 비롯한 독 스포츠 문화가 알려진 지 얼마 되지 않았어요. 많은 분들의 노력으로 빠르게 성장하며 알려지고 실력도 나날이 발전하고 있어요. 저도 메타와 세계대회에서 입상해서 어질리티가 많이 알려지는 데에 도움이 되고 싶어요.

마지막으로 메타에게 꼭 해주고 싶은 말이 있을까요?

메타가 없었더라면 어질리티를 다시 시작하지도, 즐기지도 못했을 거예요. 대회의 성적을 떠나서 항상 최선을 다해주고, 부족한 저를 믿고 따라와 줘서 정말 고맙다고 말하고 싶어요. 무엇보다 함께하는 시간을 즐겨주어서 가장 고맙답니다.

메타야, 누가 뭐라 해도 넌 최고의 강아지이자 최고의 파트너야. 형이 맛있는 것도 많이 챙겨주고, 여기저기 여행 다니면서 좋아하는 냄새도 실컷 맡게 해 줄게. 그러니까 다치거나 아프지 말고 지금처럼 건강한 모습으로 행복하길 바라. 앞으로도 잘 부탁한다!

사운드 오브 하울링

SOUND
OF HOWLING

글·사진 Julia Oldham @sidney_minisausage | 에디터 백수빈

전 세계를 사로잡은 뮤지션

모든 음역대를 아우르는 샤우팅과 호소력 짙은 목소리. 혼성 그룹인 이 듀오는 호흡이 척척 맞습니다. 메인 보컬이 한 소절을 부르면 곧장 서브 보컬이 들어와 노래를 더욱 풍성하게 만들어 줍니다. 코까지 내려오는 귀와 튀어나온 입, 그리고 땅에 닿을 듯 말 듯한 짧은 다리…! 작은 몸에서 나오는 소리라곤 믿기지 않는 큰 성량. 영국의 악동 뮤지션, 시드니&낸시를 소개합니다.

음악의 나라 영국에서 태어난 강아지답게 노래 실력이 뛰어나요. 노래하는 강아지 '시드니'를 소개해주세요.

안녕하세요. 저의 반려견이자 메인보컬인 시드니는 5살 닥스훈트에요. 활발하고 익살맞아서 항상 저를 웃겨주는 만능 엔터테이너죠. 시드니는 아주 어린 시절부터 노래를 부르기 시작했어요. 제가 내는 높은 소리를 듣고 시드니가 "아우우~" 하고 작은 소리로 하울링 했죠. 처음 집에 와서 하울링 하던 날을 생각하면 입가에 미소가 지어져요.

시드니의 노래가 SNS에서 화제던데요?

저뿐만 아니라 전 세계 사람들이 시드니의 노래 덕분에 웃음을 짓는다는 게 기뻐요. 몇몇 음악가분들이 시드니 노래에 맞춰 작곡을 해주셨어요. 덕분에 여러 SNS에서 시드니 '리믹스' 영상이 인기를 얻기도 했죠. 저까지 유명인사가 된 거 같아 기분이 묘했어요. 팬분들이 시드니를 예쁘게 봐줘서 고마운 마음이에요.

2년 후, 시드니와 함께 노래를 부를 수 있는 친구가 생겼어요.

코로나의 유행으로 재택근무를 하게 되면서 집에 있는 시간이 많아졌어요. 자연스레 둘째를 입양해야겠다는 생각이 들었죠. 혼자였던 시드니에게 좋은 친구를 만들어주고 싶기도 했고요. 둘째 '낸시'와 시드니는 좋은 친구가 될 거라 믿었어요.

낸시를 만나기 위해 저희는 영국 반대편까지 갔어요. 처음 만난 낸시는 긴장한 탓에 몸을 떨고 있었어요. 활발하고 낙천적인 시드니와 모든 것이 정반대였죠. 저를 보며 잔뜩 긴장하던 낸시는 희한하게 차 안에서 신나게 노래를 불렀어요. 집으로 가는 길에 가족이 된 걸 느꼈나 봐요. 지금은 아시다시피 둘이서 해피 바이러스를 마구 뿜고 다녀요.

시드니가 선창하면 낸시가 바로 답가를 부르던데, 시드니의 영향을 받아서겠죠?

네, 맞아요. 낸시는 겨우 생후 9주차 된 어린 강아지였을 때부터 시드니를 따라 노래를 부르기 시작했어요. 마치 아기 고양이처럼 얇고 가느다란 미성이 두드러졌죠. 성장하면서 성량도 좋아졌어요. 시드니가 노래를 부르기 시작하면 같이 호흡을 맞추고 싶어해요. 점프하며 호응을 하다가 노래가 끝나고 나면, 재빨리 한 소절을 부르기 시작해요. "이젠 내 시간이다!"라고 하는 거 같아요. 다 큰 낸시는 옛날과는 달리 얇은 목소리는 더는 나오지 않아요. 우렁차고 힘찬 노래를 시드니와 부르죠. 둘은 정말 환상적인 듀오예요.

둘의 노래 스타일이 조금 다르게 느껴지기도 해요.
시드니와 낸시에 대해 정확히 알고 계시네요. 둘의 노래 스타일은 조금 달라요. 저는 누가 노래하는지 안 보고도 알 수 있어요(웃음). 시드니&낸시의 열렬한 1호 팬이기도 하니까요.
목소리를 비교하는 방법을 알려 드릴게요. 낸시는 목청이 우렁차고 목소리가 좀 더 깊어요. 장르로 따지면 1980년대 록 발라드 같죠. 마치 큰 스피커 앞에서 음악을 듣는 거 같아요.
반면 시드니는 노래할 때 낸시보다 감정이 담겨있고 음색이 풍부해요. 마치 소울이 담겨있는 R&B같죠.

뮤지션 남매는 주로 어디서 하울링을 하나요?
앰뷸런스의 사이렌 같이 높은 피치의 소리, 화려한 솔로 기타 소리가 흘러나오면 누가 먼저랄 거 없이 노래를 시작해요. 가족 중 누군가 한 소절을 부르기 시작하면 다 같이 떼창을 하죠.
둘의 합동 공연은 주로 드라이브할 때 시작돼요. 차도에서는 여러 소리를 들을 수 있기 때문이죠. 팬분들이 믿으실지 모르겠지만 평소에 남매 뮤지션은 조용히 차 안에서 잠을 잡니다. 다만, 차를 세우면 "아우우" 하고 노래를 시작해요. 도로에서 악상이 떠오르나 봐요. 집 안에서는 창밖을 보다 아빠가 오는 소리를 듣고 노래를 시작하기도 해요.

듀엣 무대를 보고 있으면 '우리 집 강아지도 노래할 수 있을까?' 하는 궁금증이 생겨요.

반려견이 하울링을 할 수 있는지 쉽게 알아낼 수 있는 방법이 있어요. 다른 강아지가 큰 목소리로 하울링을 하는 영상을 보여줬을 때 따라부르는지 보는 거예요. 만약 따라서 노래를 한다면 시드니와 낸시처럼 노래하는 강아지가 될 수 있어요.

시드니&낸시의 하울링은 행복이 가득한 노래 같아요.

아마 열렬한 팬이셔도 이건 잘 모르실 텐데요. 특별히 멜로우 독자들에게만 알려 드릴게요. 둘은 노래 부를 때 꼭 하는 제스처가 있어요. 낸시는 미친듯이 꼬리를 흔들고 시드니는 입술을 부르르 떨곤 해요. 시드니와 낸시가 느끼는 모든 감정을 노래로 표현해서 행복하게 들리는 거 같기도 해요.

너의 마음을 눌러줘

PRESS YOUR LANGUAGE

말하는 강아지가 이 세상에 있을까? 정답은 "YES"다. 그 주인공은 60여 개의
단어 버튼으로 자신의 생각과 감정을 전하는 강아지 플램보다. 명사, 동사, 형
용사 게다가 시제까지, 버튼을 누르는 플램보의 도톰한 앞 발을 보면 이런 말
이 불쑥 튀어나온다. "얘, 나보다 나은데?"

글·사진 Abba Adams @flambothedog | 에디터 최진영

안녕하세요! 만나서 반가워요. 세상에서 가장 똑똑한 강아지 플램보도 "안녕?"

안녕하세요. 플램보는 곧 5살이 되는 강아지예요. 5살 아이답게 활발하고 천진난만하답니다. 사람들은 플램보를 천재 강아지라고 생각하지만 사실 바보처럼 어리숙하고 귀여운 면도도 있어요. 아이와의 첫 대화가 티격태격한 말다툼일 정도로요. 제가 장난감을 선반 위에 올려 뒀는데 플램보가 그 장난감을 가지고 놀려고 하는 거예요. 그래서 안 된다고 이야기를 하니 단어 버튼을 이용해 "맞아" "놀이" "지금" 순으로 누르더라고요. 제가 "놀이는 안돼"라고 이야기를 하면 말끝마다 토를 달기도 하고요. 그 순간 처음으로 아이와 대화하고 있구나 느꼈어요.

말대답하는 강아지라니, 육아 난이도가 상당한데요?

장난꾸러기이긴 하지만 매일 많은 대화를 나누고 있어요.

사실 단어 버튼은 큰 의미 없이 시작한 일이에요. 그런데 예상치도 못하게 아이와 많은 대화를 나누고 있어서 정말 뿌듯해요. 코로나가 시작되면서 무료한 시간을 때우기 위해 플램보에게 단어를 가르치기 시작했어요. 큰 의미도, 목표도 없이 아이와 즐겁게 시간을 보내기 위해 시작한 일인데 이렇게 유창하게 대화할 줄 누가 알았을까요?

플램보와 차근차근 대화를 나누면 시간이 정말 빠르게 흐를 것 같아요.

처음엔 하루에 4개씩 단어를 가르치기 시작했어요. 각 단어의 의미가 다르다 보니 가르치는 데 시간이 꽤 걸리더라고요. 물건 이름 같은 경우에는 그 물건의 특징을 살려 단어를 알려줘요. 예를 들어 장난감을 가르치고 싶다면, 플램보가 가장 좋아하는 토끼 인형을 들고 "토끼!"라고 이야기를 해 준 다음 아이에게 건네줘요. 그렇게 장난감을 인식하게 돕는 거죠. "부탁해" "고마워" 같은 추상적인 단어는 그 단어의 의미를 알려 준다기보다는 사용하는 상황을 이해할 수 있도록 해요. 만약 플램보가 "플램보" "간식" "원해"까지 버튼을 눌렀다면 그 뒤에 제가 "부탁해" 버튼을 눌러 단어를 사용하는 상황을 알려 준답니다.

한 단어 가르치는데 시간이 오래 걸리니 단어를 선택하는 기준이 중요하겠어요.
맞아요, 그러니 "간식" "밖" "놀이"처럼 실용적인 단어 위주로 알려 주게 되더라고요. 또 생활하다 필요한 단어라 생각이 들면 교육을 시작하기도 하고요. 이전에는 "비"라는 단어를 몰라서 비가 오면 "밖" "물"이라고 이야기했어요. 그 모습을 보고 "비"라는 단어를 추가했어요. 알게 되면 재미있을 거 같아서 추가한 단어도 있어요. "조용히" "시끄러워"인데요. 제가 친구랑 통화를 하거나, 노래를 부르면 플램보가 "엄마" "조용히"라고 단어를 눌러요. 그런데도 멈추지 않고 계속 시끄럽게 굴면 "지금"을 누르고요.

플램보도 엄마와 대화하는 게 즐거운가 봐요.

아이가 즐거워하는 게 확실히 느껴져요. 버튼을 누르면 자기가 원하는 걸 할 수 있어서 재미있나 봐요. 다른 관점으로 본다면 플램보가 저를 가르치고 있는 게 아닐까 싶네요 (웃음). 배우는 데 시간은 상관하지 않고 즐거울 수 있도록 교육을 진행하고 있습니다. 그동안 배웠던 많은 단어들 중에서도 플램보는 "사랑해"라는 단어를 가장 좋아해요. "사랑해"를 누르고 사람들이 어떤 반응을 하는지 지켜봐요. 그 한마디가 얼마나 큰 기쁨과 행복을 가져다주는지 아는 아이에요.

그렇다면 플램보가 가장 자주 사용하는 단어는 역시 "사랑해"인가요?

아니요(웃음). 가장 자주 사용하는 단어는 "토끼"예요. 플램보가 제일 아끼는 장난감인데 매번 잃어버려서 저한테 찾아달라고 보채요. 두 번째로 자주 사용하는 단어는 "놀이"예요. 처음 단어를 배운 후 몇 주 동안 계속 놀아달라는 버튼을 눌러서 정말 힘들었어요. 그래도 버튼을 누르면 하던 일을 멈추고 열심히 놀아줬죠. 플램보는 저에게 장난을 걸려고 호시탐탐 기회를 노려요. 자기가 좋아하는 상자에 들어와서 함께 있자고

말해서 아이의 박스에 같이 들어가 앉아 있기도 했어요. 플램보가 버튼을 누르며 애절한 표정으로 부탁하면 무엇이든 다 들어주게 되더라고요.

플램보의 남매들, '에스피온'과 '요크'와도 단어 버튼을 이용해 대화를 나누나요?
다른 아이들은 단어 버튼을 사용하지 않아요. 그래서 가끔씩 플램보가 아이들을 위해 통역사가 되어 주기도 합니다. 어느 날 플램보가 "에스피온" "물"이라고 단어 버튼을 누르는 거예요. 바로 달려가 물그릇을 확인하니 그릇이 텅텅 비어 있더라고요. 그때 정말 아이와 대화를 하고 있고 정확한 소통을 하는구나 다시 한 번 느꼈어요.

플램보 덕분에 더욱 교감이 깊어지는군요.
플램보와 함께해서 강아지에 대해 더욱 잘 이해할 수 있어요. 생각지도 못한 면모를 발견하기도 하고요. 아이가 4살 때였을까요? 지난 추억들을 이야기하더라고요! 전에 함께한 일들을 과거형 문장으로 말했어요. 지난 크리스마스 때 부모님과 부모님의 반려견 '스톰'이 저희 집으로 놀러 왔었는데요. 플램보가 그때 기억이 좋았던 건지 "갔어요" "놀이" "스톰"이라고 말했어요. "이전에 스톰이랑 놀러 갔어!"라고 말한 거예요. 스톰과 같이 놀았던 게 정말 즐거웠나 봐요. 플램보 덕분에 강아지들도 자기만의 추억이 있고, 그것들을 통해 행복한 감정을 느끼고 있다는 걸 알게 되었어요. 앞으로도 좋은 추억을 잔뜩 만들어 주고 싶어요(웃음).

If I Could Only Say One Thing

I'd Tell Them To "Hug Me"

99%의 노력과 1%의 간식으로

With 99% Effort
And 1% Snack

천재는 99%의 노력과 1%의 무언가로 이루어집니다. 많은 강아지들은 오늘도 천재견이 되기 위
해 수많은 노력을 하지만 99%의 노력은 당연한 일일 뿐입니다. 진정한 천재견들은 노력 외에도
숨겨진 비밀을 갖고 있습니다. 천재견을 완성시키기 위해서 필요한 1%의 무언가, 그 무언가를
드디어 멜로우에서 찾아냈습니다. 그들이 숨기고 있는 그 1%의 비결은 바로…간식?!

글·사진 정지현 @willows_bd | 에디터 박조은

소통의 시작은
이해와 교감으로부터

사람 말을 알아듣는 강아지를 인터뷰 하는 건 처음이라 설레네요. 버들이와 정지현 훈련사님 소개 부탁드릴게요.

안녕하세요. 반려견뿐만 아니라 교육과 관련된 여러 일을 하고 있는 정지현이라고 해요. 반려견과 트라우마가 있는 유기견, 구조견들의 문제 행동을 교정하는 일을 하고 있어요. '버들' '달래' '산들'이라는 세 반려견과 함께하고 있는 보호자이기도 하죠. 저를 수식하는 다양한 말 중에서 '보호자'라는 말을 가장 좋아한답니다. 항상 아이들과 같이 출퇴근하고, 함께 이곳저곳 놀러 다니며 반려인으로서 로망을 실천하고 있어요(웃음).

버들이는 이제 6살 된 똘망똘망한 남자아이이자, 초보 훈련사 때부터 함께 성장해온 훈련 파트너예요. 저와 독 댄스 공연을 다니기도 하고 반려견 교육 세미나에 나가서 시범을 보이기도 하는데요. 종종 '천재견' 소리를 듣는 보더콜리의 정석과도 같은 아이라고 볼 수 있죠(웃음). 사람을 많이 좋아해서 낯선 사람에게도 스스럼없이 다가가 히융히융거리며 애교를 부리곤 한답니다

버들이와 처음 만난 순간이 궁금해요. 아기 시절부터 남다른 두뇌를 보여줬나요?

어렸을 때는 버들이가 똑똑하다는 생각은 못 했던 것 같아요. 처음 집에 데려왔을 때 엄청 고생했거든요. 지나가는 자동차를 보면 쫓아가며 흥분하고, 산책할 때에는 리드줄을 하도 강하게 당겨서 손바닥에 피가 날 정도였어요. 1년

동안 열심히 교육을 했는데도 생각보다 교정이 쉽지 않았어요. 제 마음을 몰라주는 버들이가 야속해서 몰래 엉엉 운 적도 있었죠.

처음 교육을 하면서 가장 힘들었던 건 '내가 지금 제대로 하고 있는 게 맞을까?' 하는 의심이었어요. 뚜렷하게 좋아지는 모습이 보이지 않으니까 이러다가 결국 교육에 실패할 것 같다는 생각이 자꾸만 들었어요. 그러다 보니 제 불안감이 버들이에게도 전달이 되었나 봐요. 더 이상 이러면 안 되겠다고 생각했어요. 그래서 자신감이 떨어질 때마다 교육 첫 날에 적었던 일지를 꺼내 보면서 다시금 힘을 냈습니다. 첫 날 적었던 내용을 보면 '지금은 많이 좋아진 거구나' 하고 느껴지거든요. 그렇게 꾸준히 같은 교육을 계속 반복했더니 결국 '천재견'이라는 칭찬을 듣는 멋진 강아지가 되었죠. 그렇게 우당탕탕 열심히 가르치고 배우는 사이에 저도 버들이도 서로의 생각과 마음을 더욱 잘 읽게 되었어요.

버들이가 가장 먼저 배운 단어나 문장은 뭐였나요?

버들이가 집에 온 후 가장 먼저 배운 말은 '이름'이었어요. 전 모든 교육 중 가장 중요한 게 바로 '이름 인지'라고 생각해요. 자신의 이름을 알지 못한다면 교육에 집중시키는 것도 어렵고 기본적인 '콜링(이리와)'조차 되지 않기 때문입니다. 처음에는 이름을 부른 뒤에 바로 간식으로 보상을 해요. 그리고 어느 정도 이름을 인지하는 것 같다 싶으면, 이름을 부르고 제 눈을 바라봤을 때 간식으로 보상을 했어요.

처음엔 특별한 이유나 목적을 가지고 교육을 하지

는 않았어요. 어떻게 하면 버들이가 더 쉽게 이해를 할지, 더 즐겁게 교육을 하려면 어떻게 해야 할지 고민했죠. 그랬더니 버들이의 눈이 점점 더 똘망똘망해지고 집중력이 올라가곤 했어요. 그 모습이 참 보기 좋았어요. 그래서 더 다양한 것들을 찾아보고 알려주었던 것 같습니다. 남들에게 보여주기 위해서 개인기를 가르치는 것이 아니라, 버들이와 즐겁게 소통할 수 있는 방법을 늘려가는 느낌이에요.

버들이는 정말 많은 개인기를 가지고 있잖아요. 지금 할 수 있는 개인기가 총 몇 개인 거죠?
음… 특별히 세어본 적은 없었는데요. 질문을 듣고 차분히

세어보니 70-80가지 정도 되는 것 같네요. 기본적인 동작인 '앉아' '엎드려' '손' '빵' '코' '브이' '기다려'부터 '물구나무' '장난감 정리' '불 꺼' '불 켜' '심폐소생술' '기도' 등 조금은 생소할 수 있는 특별한 개인기까지 다양하게 가지고 있어요. 단어도 구별할 수 있어서, '원반 가져와' '삑삑이 가져와' 같은 개인기까지 전부 센다고 하면 더 늘어날 수도 있겠네요. 버들이가 할 수 있는 개인기가 하도 많다 보니, 가끔 그중에 몇 개는 까먹곤 해요. 어느 순간 갑자기 떠올라서 다시 연습해 보는 경우도 있죠. 지금도 심심할 때마다 하나씩 새로운 개인기를 배우고 있어서 점점 늘어나고 있답니다.

정말 대단하네요. 이 정도면 사람의 말을 알아듣는 것 아닐까요(웃음)?

맞아요. "버들이는 사람이 없을 때에는 이족 보행하면서 컴퓨터도 할 것 같아"라는 농담도 자주 하죠(웃음). 버들이는 특히 단어를 인지하는 능력이 좋은 편이에요. 문장 속에 있는 단어를 구분해서 이해하죠. 예를 들어 "버들아! 그러지 말고 가만히 자리에 앉으면 간식 줄게~"라고 말했을 때, 문장 속의 "앉아"의 의미를 이해하고 곧 그 자리에 앉아요. 반려견들은 보통 억양과 어조를 통해 단어를 구분해요. 그러니 간혹 느낌이 비슷한 단어를 헷갈려 하기도 하죠. 버들이는 그런 경우가 거의 없었답니다. 또 새로운 말을 들으면 잠시 멈춰서 그 말의 뜻이 무엇인지 생각하는 시간을 갖곤 하는데요. 그렇게 스스로 생각해 정답을 찾다 보니 개인기를 아주 빠르게 배울 수 있죠. 하나의 개인기를 배우는 데 하루를 넘기지 않아요.

많은 분들이 궁금해하실 질문인데요. 사람의 언어를 알지 못하는 강아지에게 어떻게 개인기를 가르친 건가요?

교육을 할 때 중간중간 멈추는 시간이 필요해요. 단어를 알려준 후에 반려견에게 스스로 생각하는 시간을 충분히 주는 거죠. 아이가 자신이 지금 무엇을 배우고 있는지, 어떤 동작이 정답인 건지 깨달을 수 있도록 해야 해요. 그러면 아이들이 교육하는 과정 자체를 즐거워해서 더욱 확실히 행동을 이해하게 되죠. 단어를 인지시키고 나서는 계속해서 반복하며 단어와 행동을 연결 짓는 과정이 필요하고요. 반려견은 상황과 행동을 연결시켜서 기억해요. 그러니 교육을 하는 시간이 즐거워야 그 행동을 즐겁게 기억할 수 있죠. 즐거운 시간을 만들어 주기 위해 보상과 칭찬이 중요해요. 보상으로 간식을 먹으면 교육 시간을 행복한 시간으로 인지할 수 있어요. 충분히 보상하고 충분히 칭찬해 주세요. 그리고 한 가지 팁을 더 드리자면, 한 행동을 가르칠 때 단

어를 한 번만 사용하세요. 단어를 여러 번 말하면 반려견이 오히려 혼란에 빠질 수 있답니다. 원하는 지시어를 확실하게 한 번 얘기해 준다면 아이들이 보호자가 무엇을 원하는지 더 쉽게 알 수 있어요.

교육을 할 때 교감과 소통이 가장 중요하다고 하셨어요. '교감'이란 무엇인가요?

여유로운 태도로 시간을 충분히 들이며 반려견의 마음을 관찰하는 것이 중요해요. 사람의 말로 설명을 해줘도 아이들은 의미를 알지 못해요. 반려견과 아무리 친하다고 해도 서로 언어를 통해서 소통을 할 수는 없으니까요. 반려견들도 아마 답답할 거예요. 그렇기 때문에 사람이 먼저 반려견의 행동을 충분히 살피고 관찰해야 해요. 현재 느끼고 있는 감정을 잘 헤아려주고, 왜 그런 행동을 보이는지, 스트레스는 얼마나 받고 있는지 잘 파악해야 하죠. 이렇듯 아이들을 이해하고 교감하는 것이 소통의 시작이라고 생각합니다.

이전에 버들이와 어질리티, 프리스비 대회를 나가곤 했어요. 같이 연습을 시작한 다른 친구들은 대회에서 수상 경력을 쌓는데 저희는 아무런 성적을 얻을 수가 없었어요. 어느 날, 속상한 마음에 집에서 펑펑 울고 있는데 버들이가 안절부절못하며 제 곁을 맴도는 거예요. 그때 버들이가 저와 깊이 교감하고 있다는 걸 깨달았어요. 먼저 아이의 마음을 헤아렸어야 하는데… 오히려 버들이가 눈치를 보고 있다고 생각하니 부끄러운 마음까지 들었답니다.

그 후로 '끝까지 한번 열심히 해보자'는 마음으로 매일매일 연습했어요. 그리고 모든 과정에서 버들이를 배려하고 즐기려고 노력했죠. 결국 학교를 졸업하기 전 마지막 프리스비 대회 날 감격의 1등을 수상을 하게 되었어요. 정말 짜릿했습니다. 그동안 저만 버들이를 이해한 게 아니라, 버들이도 저를 살피고 있다는 걸 알게 되었을 때 '이런 게 바로 교감이구나' 하는 걸 느꼈습니다. 모든 분들이 이렇게 반려견과 함께 마음이 통하는 순간을 한번 겪어 보셨으면 좋겠어요.

The Best Trio Ever

국견의 기상으로, 토끼의 기개로

국견(國犬)의 품격에 맞는 총명한 눈빛과 넘치는 기개, 흰 털을 가진 매끈한 몸매의 소유자.
진도견은 예로부터 한국을 대표하는 강아지로서 그 유명세를 떨쳐왔다. 그런데 여기 진도
견들을 호령하는 큰 형님이 나타났다. 쫑긋 선 귀와 볼륨 있는 몸매, 진하게 그린 아이라인.
말랑해 보이는 외모에 속으면 큰코다치기 십상이다. 지금, 토끼 형님이 등장하는 중이다.

글·사진 전민지 @mindyj1023 | 에디터 최진영

토끼로 태어나 진도견을 호령하리라

듬직한 두 강아지와 그들의 대장 토끼! 아이들의 모습을 보니 저도 예를 차려야 할 것 같군요(웃음).
안녕하세요. 우리 가족은 토끼 '토이', 두 강아지 동생 '백약이' '만약이' 그리고 저희 부부 이렇게 다섯 식구가 함께 살고 있어요. 토이는 맏형이자 저희 집 서열 1위라 할 수 있죠. 벌써 7살이 다 되어가는 시니어 토끼로서 동생들의 군기를 잔뜩 잡고 있답니다. 아이라인이 짙은 외모와 딱 맞는 독립적이고 새침한 성격이에요.

어느 날 천상천하 유아독존 토끼에게 강아지 동생들이 생겼어요.

처음 백약이를 본 토이는 충격을 받은 것만 같은 표정이었어요. 자기랑 전혀 다르게 생긴 동생이 등장했으니… 토이 입장에서는 당황스러웠을 것 같아요(웃음). 두 아이가 마주하기 이전에 서로의 냄새를 맡게 하며 적응할 수 있게 도와주어서 그런지 토이를 자연스럽게 가족으로 맞이했죠. 낯가림이 심하고 경계가 많은 백약이인데, 편하게 형을 반겨줘서 정말 대견스러웠어요. 처음 집에 온 만약이도 토이를 보자마자 조용하고 차분하게 인사를 건네더라고요. 토이도 만약이에게 코인사로 화답해 주었답니다. 토끼는 경계심이 많은 동물인데 처음 본 동생의 냄새를 맡으며 인사를 나누는 모습을 보니 얼마나 뿌듯했는지 몰라요.

근엄하고 새침한 형의 모습을 보니 절로 몸을 숙이고 인사를 할 수밖에 없었겠어요.

서로에게 맞춰 가기 위해 많은 노력을 했어요. 지금은 토이의 언어를 누구보다 잘 이해하는 강아지 동생들이지만 처음 가족이 되면서 시행착오도 많았죠. 아기 만약이는 매일 거실 끝부터 끝까지 질주를 하는 게 취미일 정도로 발랄한 아이였는데요. 어느 날은 너무 신이 나서 거실 끝에서 토이 방까지 달려가는 거예요. 자기도 멈추고 싶었는데 너무 즐거워서 멈추질 못했는지 후회하는 표정을 한껏 드러내더라고요. 아이가 방으로 들어가자마자 토이는 앞 발을 세우고 마구 화가 난 표정을 하곤 "왜 마음대로 내 방에 들어와!"라며 만약이를 다그쳤어요(웃음). 형에게 꾸지람을 들으면서 삐죽이는 표정은 감추지 못했고요. 그때 혼난 게 기억에 남았는지 만약이는 늘 형의 방에 들어가기 전에 눈빛으로 "형 나 들어가도 될까?"라고 묻는답니다.

개구쟁이 강아지 동생들과 함께하기 위해 토끼 형이 많은 노력을 했겠는데요?

강아지 동생들이 토이의 언어를 이해하지 못해서 생긴 해프닝이 정말 많아요. 토끼들은 화가 나면 두 발로 서서 공격 태세를 취해요. 앞 발을 한껏 들고 허공에 발길질을 하며 화가 났다는 표현을 하죠. 만약이가 신이 나서 놀아달라고 할 때에도 같은 행동언어로 이야기를 하거든요. 토이가 잔뜩 화가 나서 이야기를 하는데 그 모습을 본 만약이는 놀자는 뜻으로 오해하고 기뻐해요. 마냥 순수한 만약이의 얼굴을 보면 웃음을 참기 힘드실 거예요.

신사 같은 백약이도 큰 형 토이 앞에선 조잘조잘 수다쟁이로 변신해요. 든든하고 멋진 형이 정말 좋은가봐요.

백약이는 토이를 너무 좋아해요. 만약이의 앞에서는 듬직한 형인데, 토이의 앞에서는 천상 동생같이 굴어요. 평소에

는 차분한 신사라면, 토이와 함께 있을 때는 5살 꼬마가 되는 것 같달까요? 토이를 향해 늘 사랑의 세레나데를 부르는 애교쟁이 동생이에요. 토끼는 서열이 낮은 아이가 높은 아이에게 그루밍 해준다는데 백약이도 그걸 아는지 형의 몸을 구석구석 핥으며 애정 표현을 해요. 그루밍을 할 마다 백약이가 너무 활짝 웃고 있어서 제가 다 행복해져요. 그루밍을 하며 재미있는 비밀 이야기라도 나누나 봐요.

만약이는 토이의 오른팔이 되어준다고요.
만약이는 토이의 오른팔이자 보디가드예요. 토이는 가끔 화가 나서 두 발을 들고 마구 화를 표출하는데요. 그런 모습을 보일 때마다 만약이가 달려가서 토이를 꼬옥 안아줘요. 안절부절못하는 토이에게 "형 내가 있어. 걱정하지마"라고 이야기를 하는 것 같아요. 토이도 그 이야기를 알아듣고는 평온해진답니다. 그런 모습을 볼 때마다 아이들의 따

뜻한 마음에 감동을 하게 되고요.

둘이 소곤소곤 이야기를 나누면 백약이가 질투를 하진 않나요?
물론 엄청난 질투심을 보여준답니다. 백약이는 늘 토이를 향해 세레나데를 부르는데 토이는 묵묵부답이거든요. 그런데 만약이는 토이와 즐겁게 인사를 나누니 너무 질투가 나나 봐요. 형에게 더 유쾌하고 발랄하게 인사를 시도하다가 엄마 아빠에게 혼이 나는 것으로 마무리돼요. 그러다 보니 토이는 만약이와 더 많은 대화를 나누게 되고요. 백약이도 언젠가는 화려한 사랑의 세레나데보다 진심 어린 짧은 편지가 더욱 감동적이라는 걸 깨닫겠죠(웃음)?

토끼의 언어에 대해선… 백약이가 만약이에게 한 수 접고 들어가야 할 것 같네요(웃음).

맞아요. 백약이는 강아지 언어는 자유자재로 구사하지만, 토끼 언어는 계속 배워가는 중이에요. 강아지의 언어로 토이에게 대화를 시도하다 보니 웃지 못할 일들이 벌어지기도 해요. 강아지는 보통 엉덩이 냄새를 맡으며 인사를 건네는데요. 백약이가 토이의 엉덩이 냄새를 맡으며 인사를 하려는 거예요(웃음). 토이는 앉으면 엉덩이가 바닥에 붙은 상태가 되는데 백약이가 코를 들이밀면서 아둥바둥하는 모습이 꽤나 안쓰러워요. 웃음이 나기도 하고요. 강아지들에겐 젠틀한 인사법인데, 그걸 모르는 토이 입장에서는 당황스러운 것 같더라고요.

조금씩 서로의 언어를 나누며 거리를 좁혀가는 거겠죠?
아이들은 서로의 언어를 배워가고 있어요. 토이의 입장에서는 큰 꼬리를 살랑이며 다가오는 동생들이 부담스러울 법도 해요. 하지만 거리를 지키고 조심히 대화를 건네면 동생들의 이야기를 경청해요. 백약이와 만약이 입장에서는 토이가 자꾸 도망가니 속상하기도 할 텐데 토이의 언어를 이해하려 노력하고 적당한 거리를 유지하고요. 서로를 이해하고 배워가는 모습이 기특해요. 백약이는 토이가 갑자기 펀치를 날려도 허허실실 웃으며 즐거워해요. 만약이는 토이의 집 앞에 철퍼덕 엎드려서 언제 형이 나올까 기다려요. 토이도 그런 동생들이 내심 든든한가 봐요. 엄마한테는 짜증도 많이 내고 가끔 틱틱거리기도 하는데 만약이에게는 사근사근해요. 아, 백약이에게는 아직 조금 까칠하지만요. 역시 사랑의 세레나데는 조금 부담스러운가 봐요(웃음).

토이가 동생들의 좋은 점을 배운 것 같기도 해요.
강아지 동생들이 토이의 언어를 배우기도 했지만, 토이가 강아지의 언어를 이해할 수 있게 되기도 했죠. 동생들을 만나기 전 토이는 소음에 굉장히 예민한 아이였어요. TV를 볼 때는 볼륨을 최대한 내려서 시청하기도 했고, 아이가 잘 때는 혹시 시끄럽진 않을까 늘 노심초사했어요. 그런데 백약이가 나타난 뒤로 자연스럽게 소리에 적응했어요. 아이들이 멍멍하며 대화하는 소리도, 백약이의 세레나데도 모두 이해해 줘요. 토이도 내심 동생들의 수다를 듣는 게 재미있나 봐요. 이 모습을 보고 '강아지들의 힘은 정말 대단하구나'라는 생각까지 들었다니깐요.

믿음직스러운 동생들 덕분인지 토이는 늘 든든해 보여요.
토끼는 영역 동물이기 때문에 공간이 바뀌면 불안해하고 초조해해요. 그래서 토이도 방을 대청소할 때마다 당황해하는 모습을 보이곤 하고요. 그날도 열심히 청소를 하던 중 문득 거실을 보았는데 토이가 강아지 동생들의 방석에 앉아 쉬고 있더라고요. 백약이와 만약이는 딱딱한 바닥에 엎드려 있고요(웃음). 그 모습을 딱 보는데 강아지 동생들이 "걱정 말고 여기서 기다리면 돼, 형아"라고 하는 목소리가 들리는 것만 같았죠. 단순한 소통뿐만이 아니라 서로의 불안감이나 당황스러움도 함께 느끼며 위안을 하는 모습이 정말 아름다웠어요.

역시 삼 형제는 뭉쳐야 더욱 단단해지는군요.
세 아이는 서로 의지하고 있어요. 적당한 거리를 지키며 마음을 나누죠. 한 아이라도 고집을 부리면 이야기도 통하지 않고, 싸울 수도 있잖아요. 그런데 저희 삼 형제는 늘 간극을 지키며 서로의 언어를 이해해 줘요. 그래서인지 아이들이 다툰 적이 단 한 번도 없었고요. 사실 강아지와 토끼가 가족이 되는 게 쉬운 일은 아니거든요. 처음 백약이가 집에 왔을 때에도, 만약이가 집에 왔을 때에도 혹시 일이 생기진 않을까 가슴이 두근두근했어요. 그런데 어느샌가 가족이 되고 도란도란 대화를 나누더라고요.
저희 가족은 작년 어린이날부터 세 아이 단체 사진을 남기고 있어요. 올해로 두 번째 사진을 찍었는데요. 삼 형제가 나란히 제 앞에 앉아 있는 모습을 보는데 아이들에게 감사한 마음이 들더라고요. 늘 사이좋게 지내주어서, 가족이 돼주어서. 매년 어린이날에는 멋있는 사진을 추억으로 남기려 합니다.

A KINDERGARTEN FULL OF STORIES

어제의 흔적이 가득한 교실을 정리하며 하루를 준비한다. 빨간 공이 한구석에 있다. 공을 물고 다가와 공놀이를 해달라며 "멍!" 하고 짖는 아이들의 목소리가 떠오른다. 터그는 오늘도 교실 한가운데에 자리해 있다. 하원하기 직전까지 터그 놀이를 해달라 조르던 눈빛이 생각나 웃음이 살포시 터진다. 교실의 모든 것들이 아이들의 하루를 이야기해 준다. 장난감 하나에 한 아이의 목소리, 한 아이의 눈빛이 떠오른다. 찬찬히 아이들과의 이야기를 떠올리다 보니 교실은 어느새 말끔해졌다. 개원 준비 완료, 이제 인사를 나눌 시간이다.

글·사진 정주선 @puppyspring_ | 에디터 최진영

와글와글,
대화가 꽃피는 유치원

안녕하세요. 선생님. 오늘도 활기찬 아침이네요!
안녕하세요. 저는 2016년도부터 강아지 유치원을 운영 중
인 유치원 선생님이에요. 사실 제 전공은 '반려견 훈련'이었
어요. 반려견 훈련을 전공으로 가지고 있고, 업으로 삼고 있
으면서도 이 분야가 점점 저물어 간다는 생각이 들었어요.
업계의 문제점을 몸소 체감하고 있었거든요. 한때 붐이 일
어나 유입이 많이 생기면서 이런저런 문제들이 생겼어요.
또 일부 훈련사들이 마음의 상처가 있는 아이들이 문제 행
동을 일으킨다는 것을 꼬투리 삼아 무리한 훈련을 진행하
기도 했죠. 가족분들에게 모든 책임을 넘기기도 했고요. 같
은 패턴이 반복되었습니다. 유치원을 운영하면서 이것들을
바로잡고 싶었던 것 같아요. 시간은 걸릴지라도 반려견 업

계를 긍정적인 방향으로 발전시키고 싶었습니다.

유치원의 하루는 어떻게 흘러가나요?
유치원은 시간표대로 일과를 보냅니다. 하루 일정은 간단
해요. 오전에 등원해 출석 체크를 하고 적응 시간을 거치죠.
친구들과 인사를 하고 이야기도 나누면서 하루를 시작해
요. 그 후에는 놀이 시간을 진행해요. 한참 놀고 나면 점심
시간이 돼요. 각자 싸온 점심으로 맛있게 밥을 먹습니다. 먹
은 다음에는 잠이 오기 마련이잖아요(웃음)? 낮잠을 자며
체력을 보충할 수 있게 도와줘요. 다음에는 친구들과 신
나게 시간을 보낸 후 집으로 돌아간답니다. 처음 등원한 아
이들의 일과는 조금 특별해요. 우선 공간을 적응하도록 도

와줘요. 유치원 이곳저곳을 다니면서 공간을 소개해 주는 거죠. 그다음 선생님과 단둘이 앉아 아이콘택트와 간단한 스킨십으로 인사를 나눠요. 그 후 친구들과 만나 하루 일과를 시작한답니다. 강아지 유치원의 하루는 매일 활기차게 흘러가죠?

하루가 눈코 뜰 새 없이 지나가겠네요. 아이들이 가장 좋아하는 시간은 언제인지 궁금해요.
아이들은 야외 활동 시간을 특히 좋아해요. 놀이터 이동 차량의 시동만 걸어도 서로 타려고 앞장선답니다. 야외 활동을 하게 되면 재미있는 일이 정말 많이 생겨요. 지난 가을 소풍에서 생긴 일이 생각나네요. 감나무에 감이 주렁주렁 열린 풍경이 아름다운 곳으로 소풍을 갔어요. 그런데 한구

석에 감나무에서 막 떨어진 탐스러운 감이 있는 거예요. 한 아이가 그걸 물고 와서 '엄마에게 주고 싶어요!'라고 이야기하는 듯한 눈빛을 보내더라고요. 돌아와서 예쁘게 포장해 보냈더니 맛있게 잘 드셨다고 연락이 왔었죠.
장난감 놀이 시간도 정말 좋아해요. 장난감 정리함만 들어도 신나하고 재촉을 하죠. 얼마나 그 시간을 기다리는지 먼저 장난감을 꺼내가는 친구도 있어요(웃음). 놀이를 할 때도 예의범절은 꼭 지켜야 한다 이야기해요. 매너를 지키지 않은 아이에겐 단호한 어조로 이야기하며 안전한 놀이 시간이 되도록 노력하고 있습니다.

또 아이들이 좋아하는 시간이 있죠. 노즈워크 시간이요!
강아지의 스트레스 해소법은 크게 두 가지로 나눌 수 있어

요. 활동을 하며 에너지를 쏟는 아이들과 신중하고 섬세하게 후각을 이용해 에너지를 쏟아내는 아이들로 나뉘죠. 물론 두가지 방법을 모두 사용해서 스트레스를 해소하는 아이들도 있고요. 강아지들은 후각으로 사물을 분별하고 판단해요. 냄새를 맡고 그걸 분석하고 생각을 할 때 많은 양의 에너지가 사용됩니다. 사람의 뇌에서 많은 양의 기초대사량을 소비하는 것처럼요.

이렇게 후각 활동은 중요한 역할을 해요. 그래서 유치원 프로그램으로 후각 놀이를 만들었어요. 평소에는 단순히 먹기 위해 냄새를 맡는 것이라면, 이 시간에는 냄새를 맡고 그것에 대해 생각해 볼 수 있도록 노즈워크를 개발했습니다. 덕분에 산책이 힘든 아이들도 충분한 후각 활동을 통해 두

뇌 발달과 스트레스 해소 할 수 있답니다.

활동을 하다 보면 아이들과 다양한 방법으로 소통을 나누실 것 같아요.

아이들은 주로 행동언어로 저에게 이야기를 건네요. 점심 시간이나 간식 시간이 되면 저를 쫓아다니거나 밥 먹는 곳 앞에 삼삼오오 모여서 선생님을 재촉해요. 또 선생님들과 함께 화장실을 가는 아이들이 있거든요. 그 아이들은 선생님과 화장실을 번갈아 보면서 같이 가달라고 이야기해요. 화장실과 선생님을 번갈아 보며 짖기도 하고요. 아이들도 선생님이 자신의 이야기를 알아듣는 걸 아는지 다양한 방법으로 소통해요.

재밌게 놀고, 맛있게 먹었다면 이제는 낮잠을 잘 시간이에요.
낮잠 시간은 제 반려견 '에코' 덕분에 생겼어요. 에코는 23
살이 된 강아지인데요. 매일 베개를 베고, 이불을 덮고 낮잠
을 자요. 올해로 23년째 이불을 덮고 자는 거죠. 그 때문에
당연히 강아지들이 이불을 덮고 잔다고 생각했어요. 그래
서 원생 아이들에게도 베개를 준비해 주고 이불을 덮어주
었습니다. 당연한 장면이라 생각했는데 많은 분들이 귀엽
다고 말씀해 주셔서 감사하네요. 에코에게도 감사의 인사
를 전해야겠죠(웃음)? 유치원이라는 곳은 스트레스를 풀면
서 친구들과 열심히 노는 공간이에요. 그러기 위해선 낮잠
시간이 꼭 필요하죠. 놀다가 피곤해지면 푹 쉬고 더 재밌게
놀아야 하거든요.

**아이들이 알아서 자리를 잡고 눕는 모습이 신기하긴 하네
요(웃음). 어떻게 낮잠 시간을 알아차리는 걸까요?**
유치원 생활이 익숙해진 아이들은 점심을 먹으면 낮잠을
자고 싶어 해요. 그때 이불을 마련해 주고 불을 꺼주면 이불
에 누워 잠을 잔답니다. 유치원을 오래 다닌 원생 아이들은
주말에도 낮잠 시간에 맞춰 잠을 잔다고 하더라고요. 물론
잠을 자지 않는 아이들도 있어요. 그런 아이들은 다른 공간
에 모여 놀이 시간을 가지거나 쉬는 시간을 가질 수 있도록
도와주고 있습니다.

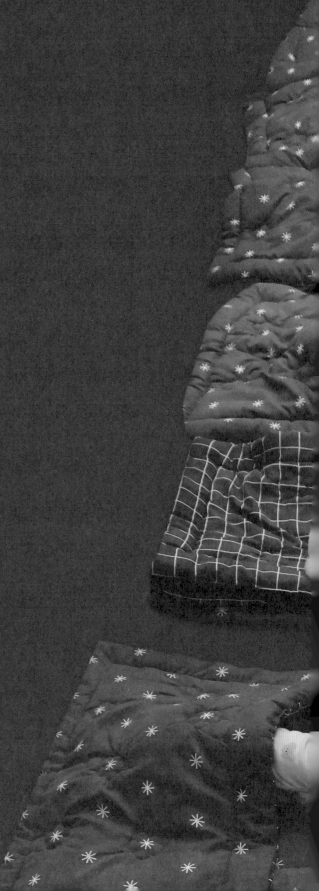

수학여행을 떠나기도 한다던데, 아이들이 수학여행을 기다릴 것 같아요.

아이들도 수학여행이 많이 기다려지나 봐요. '수학여행'이라는 단어를 아는 아이도 있는데 그 아이네 집에선 수학여행이라는 단어를 함부로 이야기를 할 수도 없대요. 너무 설레는지 잠도 자지 않고 수학여행을 기다리니까요(웃음). 수학여행을 가는 날은 유치원 분위기도 확실히 들떠 있는 게 느껴져요. 여행을 가면 선생님들도 아이들과 함께 잠을 자는 데요. 그래서 아이들의 이불을 제작하는 김에 선생님들의 이불 세트까지 함께 제작했어요. 아이들과 같은 이불을 덮고 자는 모습을 SNS에 올렸는데 많은 분들이 좋아해 주시더라고요. 덕분에 개인적으로도 수학여행이 더욱 기다려지네요.

수학여행의 꽃이 있다면 캠프파이어 아닐까 싶은데요?

처음에는 불을 무서워하던 아이들도 몇 번 수학여행을 하다 보니 캠프파이어를 즐겨요. 편안하게 앉아서 불멍을 즐기더라고요. 불멍을 즐기는 방법은 사람과 똑같아요. 멍하게 앉아서 타오르는 불을 바라보는데 그 모습이 너무 귀여워요. 캠프파이어 말고도 다양한 활동을 하는데요. 보물 찾기 시간도 아이들이 정말 좋아하는 시간이에요. 어느 아이는 친구의 선물까지 가져가고 싶다고 해서 애를 먹은 기억이 있네요. 참여한 아이들은 다 함께 사진을 찍어요. 그 사진만 봐도 그때의 추억이 생각나서 웃음이 절로 나요.

사진 속 아이들의 즐거운 분위기가 느껴져요. 선생님을 바라보는 애정 어린 눈빛도 느껴지고요.

아이들과 많은 대화를 나누려 노력해요. 실제로도 아이들과 자주 이야기하기도 하고요. 사소한 이야기라도 방식에 따라 아이들의 정서에 큰 영향을 미쳐요. 그렇기 때문에 아이들의 한마디 한마디에 귀를 기울이는 편이에요. 그 때문일까요? 아이들이 유독 저를 잘 따르고 좋아해 줘요. 하루

일과 중 일어났던 아이들의 작은 행동이나 기분 상태를 가족분들께 이야기해 드리기도 하는데요. 대화를 하며 아이들의 집에서의 행동과 유치원에서의 행동을 비교해 보곤 합니다. 이런 부분 때문인지 공동육아를 하고 있는 것 같다고 말씀하시기도 하더라고요.

강아지 유치원 선생님을 하시면서 많은 보람을 느끼실 것 같아요.
여러 매체나 전문가들의 강의, 교육 등에서 강아지와의 소통을 다룰 때 '동물'이라는 틀에 갇힌 채로 이야기를 하곤 해요. 그러다 보면 특정한 교육 외에는 말을 걸지도 않게 되고, 일정 수준 이상의 교감도 쌓지 못하게 되죠. 어차피 알아듣지 못한다고 생각하게 되는 거예요. 그런데 잠깐 주변만 둘러보아도 그건 잘못된 생각이란 걸 알 수 있어요. 특별한 교육 없이 아이들을 반려하는 동네 아저씨, 옆집 할머니의 강아지들도 이야기를 다 알아듣고 거드름을 피우거든

요. 헛웃음이 나올 정도로 사람 같기도 하고요. 대화와 소통이 깊다면 그만큼 교감하게 되고 감정도 풍부해집니다. 그래서 저는 가족분들께 아이들과 대화하는 방법을 알려 드리기도 해요. 물론 스킨십도 중요하지만 말에는 감정을 담을 수 있잖아요.

유치원에 등원한 후, 선생님들과 나눈 깊은 대화 덕분에 성격이 바뀐 아이들도 많아요. 6살 정도에 유치원에 첫 등원한 친구가 있었어요. 집과 가족 이외의 다른 장소와 사람에게는 극도의 불안감을 보이던 아이였어요. 그런 친구도 저와 소통하고 이야기를 나누다 보니 누구보다 활발한 아이로 변신하더라고요. 나중에는 아빠가 데리러 와도 싫다고 도망치기도 하고요. 또 엄마에게만 붙어있던 아이가 있었는데, 등원을 해선 저에게 달려오는 모습을 보고 가족분들이 놀라시기도 했어요. 이런 모습들을 보며 더욱 소통의 중요성을 느껴요. 대화를 통한 교감은 조금 어렵고 시간이 걸릴 수도 있지만 가장 중요한 방법이라 생각해요.

"반려동물은 나에게 큰 힘이 되어준다"

We're
Going To
CHANGE
The
DICT.

"구조견을 가족으로 맞이하려고 해"

"역시 시고르자브종이 최고네"

"나의 충실한 친구이자 영혼의 안식처 같은 존재"

"반려견을 교육하기 위해 여러 자료를 찾아보았어"

우리가 바꿀,
멜로우 반려 언어사전

개들은 사람의 가장 친한 친구로서 언제나 우리의 곁에 함께한다. 너무 익숙한 것이 문제인지 '개'라는 단어는 일상 속에서 무분별하게 사용된다. 사람을 낮추어 부를 때 사용하거나, 좋지 못한 상황을 속되게 이를 때 쓰기도 한다. 그 표현을 듣는 반려인 가슴에는 무심한 한 음절이 콕 박힌다.

강아지를 반려하기로 마음먹고 가장 먼저 마주하게 되는 단어는 분양, 품종, 가격 정보일 것이다. 포털 사이트에 검색만 해 보아도 바람직하지 못한 단어들이 강아지의 연관 검색어로 우르르 발견된다. 그 모습을 보고 있으면 미성숙한 반려 언어가 반려문화의 도약을 발목 잡는 것 같기도 하다. 우리의 반려견을 위해 그리고 반려인들을 위해, 멜로우 반려 언어 사전을 편찬한다. 멜로우 사전과 함께 아름다운 언어로 가득한 반려생활을 맞이하길 바란다.

에디터 박조은, 최진영

~~반려동물~~
애완동물은 나에게
큰 힘이 되어준다

애완동물 愛玩動物

명사 좋아하여 가까이 두고 귀여워하며 기르는 동물.

사랑 애(愛), 희롱할 완(玩). 애완의 뜻은 '사랑하며 가까이 두고 다루거나 보며 즐기는 것'이다. 완구(玩具)의 '완'과 같은 뜻을 공유하는 이 단어는 이전의 반려문화가 담겨 있다. 가족이 아닌 애완동물로서 생명을 정의하고, 장난감처럼 동물을 사고 팔았다. 장난감이니 그들을 경시하는 것도 아무 죄책감이 없다. 이 단어의 뜻은 현재의 반려문화와 맞지 않다.

반려동물 伴侶動物

명사 평생 함께할 목적으로 가족의 일원이 되는 동물.

짝 반(伴), 짝 려(侶)라는 한자어를 사용하는 '반려(伴侶)'는 반려동물이 지닌 가치를 그대로 보여준다. 반려동물은 우리의 가족이 되어 곁으로 온다. 그들은 가족의 일원으로서 모든 순간을 함께할 것이다. 반려동물이라는 단어는 그러한 감정적 교감을 담는 단어다. 현재의 반려문화를, 그리고 우리가 추구해야 할 반려문화를 포함한 언어이다.

적절한 예문

"반려동물은 나에게 큰 힘이 되어준다."

단어의 뜻처럼 반려동물은 우리의 일상 속 깊이 들어와 큰 의미를 가지게 된다. 늘 붙어 다니는 짝꿍처럼 힘들 때, 슬플 때 모든 순간 묵묵한 지지와 응원을 보낸다. 반려견의 촉촉한 눈을 마주하면 '반려'의 의미가 무엇인지, 가족이 된다는 것의 의미는 무엇인지 다시 한 번 깨닫게 될 것이다.

강아지를 ~~분양~~입양 하려면

많은 준비가 필요하다

분양 分讓

명사 토지나 건물 따위를 나누어 팖.

우리는 '분양'이라는 단어를 도로 현수막에서, 부동산의 광고지에서 심심치 않게 보게 된다. 분양은 '전체를 여러 부분으로 갈라서 여럿에게 나누어 줌'이라는 뜻으로, 주로 아파트나 토지 등을 거래할 때 사용한다. 하나의 생명이자 가족인 반려동물에게는 어울리지 않는 단어다. 반려동물을 소유물로 생각하던 과거의 관습이 남아있는 표현이라 할 수 있다.

입양 入養

명사 반려견과 인연을 맺고 가족의 구성원으로 맞이함.

반려동물은 소유물이 아니라 가족의 개념이다. 가족을 들이는 순간에 물건을 사고팔 때 사용하는 단어를 쓰는 것은 옳지 않다. '입양'은 가족이 되는 행위를 정의한 단어이니, 분양보다는 입양이라는 단어를 사용해 가족의 탄생을 축하하는 것이 바람직하다.

적절한 예문

"강아지를 입양하려면 많은 준비가 필요하다."

강아지를 가족으로 맞이하기 위해선 철저한 사전 조사가 필수다. 강아지의 특성, 생활습관, 사료까지. 세세한 준비는 필수적이다. 하나하나 준비하다 보면 반려견을 맞이한다는 것은 얼마나 많은 노력이 필요한지, 얼마나 큰 결심이 필요한지 깨닫게 될 것이다.

강아지의 ~~주인~~ 보호자 은

저희 가족이에요.

주인 主人

명사 대상이나 물건 따위를 소유한 사람.

강아지를 반려하는 사람을 '주인'으로 표현한다. 이 또한 반려견을 소유물로 보는 시선이 담겨 있다. 반려견은 가족 구성원 누군가의 소유물이 아닌 구성원으로서 자리한다. 가족 모두와 소통하고 교감하니 '주인'이라는 단어로 반려인을 표현하는 것은 옳지 않다.

보호자 保護者

명사 자신이 선택한 가족인 반려견을 평생 보호하고 사랑할 의무를 가진 사람.

포괄적인 의미가 내포된 '보호자'를 사용하는 것이 옳다. 반려견과 함께하는 가족 구성원 모두 강아지의 보호자이다. 누구의 소유로 특정 짓는 것이 아닌 모두가 함께 보살피고 지켜야 한다.

적절한 예문

"강아지의 보호자는 저희 가족이에요."

강아지를 반려하다 보면 책임감을 요하는 일이 많이 생긴다. 그럴 땐 가족의 구성원으로 자리한 나의 반려견을 생각하자. 강아지를 반려하는 순간부터 가족의 일상 모두 변화하게 된다. 하루에 몇 번씩 산책을 하게 되고, 외출을 할 땐 반려견부터 걱정하게 될 것이다. 그 모든 변화를 즐겁게 받아들이자.

반려견을 ~~훈련~~ 교육 하기 위해
여러 자료를 찾아보았어

훈련 訓鍊

명사 기본자세나 동작 따위를 되풀이하여 익힘.

특정한 행동이나 자세를 가르쳐서 익히게 하는 것을 '훈련한다'라고 표현한다. 훈련이라는 단어의 정의는 '교육'과 크게 다르지 않다. 그러나 단어가 가진 심상에 주목하여야 한다. 훈련이라는 단어는 주로 군부대, 경찰 등에서 이루어지는 체력 훈련을 떠올리게 한다. 반려견에게 가르치는 특기 교육과는 맞지 않는 단어다.

교육 教育

명사 지식과 기술 따위를 배우며 견(犬)격을 수양하는 행위.

강아지에게 배변, 기다리기, 이름 등을 가르친다. 함께 생활하기 위해선 꼭 필요한 활동이다. 교육은 훈련이라는 단어보다 더욱 필수적인 의미를 담고 있으며, 단어가 가진 심상 또한 반려견과 잘 맞는다.

적절한 예문

"반려견을 교육하기 위해 여러 자료를 찾아보았어."

반려견을 교육하기 전 여러 자료를 찾아보는 것은 필수적이다. 적절한 교육이 이루어지기 위해서는 다양한 교육 방법을 찾아본 후 진행하는 것이 좋다. 최근에는 영상, 서적, 강연 등 여러 매체를 통해 강아지의 교육법을 알 수 있다. 많은 조사를 통해 자신의 반려견에게 가장 알맞은 교육 방법을 선택하자.

~~보호견~~ 유기견을 가족으로 맞이하려고 해

유기견 遺棄犬

명사 주인이 돌보지 않고 내다 버린 개.
버림받아 길거리를 떠돌아다니거나 그러한 상황에서 구조된 아이들을 통칭해 '유기견'이라 부른다. 하지만 이는 잘못된 표현이다. 법률 용어의 정의에 따르면 지방자치단체가 강아지를 구조해 아이들을 관리할 경우 더 이상 '유기견'이 아니다. 유기된 상태가 아니기 때문이다. 쓰임에 맞는 단어의 변경이 필요하다.

보호견 保護犬

명사 유기되거나 학대를 받던 강아지 중, 이미 구조되어 보호중인 강아지를 통칭하는 말.
이미 구조되어 보호를 받으며 가족을 기다리고 있는 아이들에겐 '보호견'이라는 단어가 알맞다. '유기견'이라는 단어에는 수많은 편견과 부정적인 뉘앙스가 담겨 있다. 모호한 추측이 상처 입은 아이들의 마음을 한 번 더 아프게 한다. 새로운 가족을 기다리는 아이들이 과거의 프레임에 갇혀 있게 해서는 안된다.

적절한 예문

"보호견을 가족으로 맞이하려고 해."
보호견은 우리 집 반려견, 옆집 강아지, 산책할 때 만나는 동네 강아지들과 똑같다. 유기견이라는 단어를 사용할 시 은연중에 강아지에게 편견을 가지게 된다. 부정적 의미를 가진 단어이기 때문에 색안경을 벗기까지 많은 노력이 필요하다. 대체 단어의 사용으로 더 많은 보호견들이 가족을 만날 수 있게 하자.

시고르자브종
역시 똥개가 최고야

똥개

명사 똥을 먹는 잡종 개.

똥개의 사전적 정의는 '똥을 먹는 잡종 개'로, 보통 시골에서 태어난 개들을 이른다. 사전적 정의로는 비하적인 의미를 담고 있으나 귀여운 어린아이를 보고 '똥강아지'라는 애칭을 사용하기도 한다. 이러한 사례를 보면 '똥개'는 친근감과 애정의 표시로 해석될 수도 있다. 하지만 해당 단어는 '혈통'을 기준으로 생명의 가치가 매겨지는 반려견을 소유물로 보는 시선이 담겨 있다. 혈통을 중시하는 문화 때문에 다양한 문제가 나타나는 세태를 보면 똥개를 마냥 귀여운 애칭으로 여길 수만은 없다.

시고르자브종 Sigor J'abson

명사 시골에서 태어난 사랑스러운 믹스견을 칭하는 말.

최근 반려인들은 여러 혈통이 섞인 믹스견을 차별적으로 표현하지 않기 위해 많은 신조어를 만들어 냈다. 그중 가장 널리 쓰이는 단어는 '시고르자브종(Sigor J'abson)'이다. 우아하게 들리는 프랑스어 단어를 통해 그동안 차별의 시선을 받은 아이들에게 새로운 이미지를 선물했다. 모든 강아지를 사랑해야 한다는 반려인의 진심이 담긴 단어라 할 수 있다.

적절한 예문

"역시 시고르자브종이 최고야."

시고르자브종 강아지는 탄생부터 성장까지 예측할 수 없다는 매력이 있다. 이 아이가 자라면 어떤 외모를 가질지, 얼마나 크게 성장할지, 털의 길이는 얼마큼 자라날지, 알아가는 하루하루가 기쁨으로 가득할 것이다. 어떤 생김새와 성격을 가지고 있던지 사랑스러움은 변하지 않는다. 차별 없이 마음을 전하는 태도는 우리가 개들에게 배울 수 있는 가장 큰 지혜가 아닐까.

2023학년도 멜로우고사 보호자평가 문제지

강아지 언어 영역

성명		수험 번호									

○ 문제지의 해당란에 성명과 수험 번호를 정확히 쓰시오.

○ 답안지의 필적 확인란에 다음의 문구를 정자로 기재하시오.

사랑의 시그널을 보내주세요.

○ 답안지의 해당란에 성명과 수험 번호를 쓰고, 또 수험 번호와 답을 정확
히 표시하시오.

멜로우보호자양성교육평가원은 지난 2021년 설립 이래 반려동물이 전하는 사랑,
행복, 진심을 나누며 명실상부 국내 최고의 반려문화 교육기관으로 자리매김했
다. 최근 반려인구의 증가로 강아지 언어에 대한 관심이 높아짐에 따라 멜로우에
서도 올바른 반려언어 확립을 위해 강아지 언어 능력 평가를 준비했다. 이번 시간
을 통해 강아지 언어에 대해 이해하고 공감할 수 있는 보호자가 되길 바란다.

그림 김초록 @__kimchorok | 에디터 박조은

※ 시험이 시작되기 전까지 표지를 넘기지 마시오.

멜로우보호자양성교육평가원

멍냥이의
댕댕이 최고

2023학년도 멜로우고사 보호자평가

제1회 강아지 언어 영역

※ 결시자 확인 (수험생은 표기하지 말것)

검은색 컴퓨터용 사인펜을 사용하여 수험번호란과 옆란을 표기	강아지 언어 영역	○

※ 문제지 표지에 안내된 필적 확인 문구를 아래 '필적 확인란'에 정자로 반드시 기재하여야 합니다.

필 적 확인란	....

성 명

수 험 번 호

					—				
⓪	⓪	⓪	⓪			⓪	⓪	⓪	⓪
①	①	①	①			①	①	①	①
②	②	②	②			②	②	②	②
③	③	③	③			③	③	③	③
④	④	④	④			④	④	④	④
⑤	⑤	⑤	⑤			⑤	⑤	⑤	⑤
⑥	⑥	⑥	⑥			⑥	⑥	⑥	⑥
⑦	⑦	⑦	⑦			⑦	⑦	⑦	⑦
⑧	⑧	⑧	⑧			⑧	⑧	⑧	⑧
⑨	⑨	⑨	⑨			⑨	⑨	⑨	⑨

※ 답안지 작성 (표기)은 반드시 검은색 컴퓨터용 사인펜만을 사용하십시오.

※ OMR 용지 코너에 있는 QR코드에는 낙서를 하지 마십시오.

강아지 언어

문번	답 란
1	① ② ③ ④ ⑤
2	① ② ③ ④ ⑤
3	① ② ③ ④ ⑤
4	① ② ③ ④ ⑤
5	① ② ③ ④ ⑤
6	① ② ③ ④ ⑤
7	① ② ③ ④ ⑤
8	① ② ③ ④ ⑤
9	① ② ③ ④ ⑤
10	① ② ③ ④ ⑤
11	① ② ③ ④ ⑤

문번	서 술 형 답 란
12	

감독관 확인 (수험생 표기하지 말것)

서 명 또는 날 인	본인 여부, 수험번호 및 문형 (강아지 언어) 의 표기가 정확한지 확인, 옆란에 서명 또는 날인

멜멜이
발바닥

멜멜이똥

낙서금지

제 1회

강아지 언어 영역

성명 [　　　] 수험 번호 [　　　　　　　　　　]

---

1. 다음 중 강아지의 행동언어가 나타나는 신체 부위로 옳은 것은?

① 꼬리　　　② 뱃살　　　③ 속눈썹
④ 항문　　　⑤ 발톱

2. 다음 그림에 나타난 강아지의 행동언어를 <u>모두</u> 고르시오.

① 수염언어
② 몸짓언어
③ 꼬리언어
④ 발톱언어
⑤ 귀언어

[3-4] 다음은 강아지 행동언어에 대한 예시이다.

(가)

강아지가 집 앞 공원을 산책을 하고 있다.

(나)

강아지가 산책을 하다가 자신보다 덩치가 작은 강아지를 만났다.

3. (가)와 (나)에서 드러난 '꼬리언어'의 차이점을 고르시오.

① 꼬리의 무늬
② 꼬리를 흔드는 속도
③ 꼬리의 굵기
④ 꼬리의 색깔
⑤ 꼬리의 높이

4. 산책을 하던 강아지의 꼬리가 (가)에서 (나)로 변했다. 이에 따른 해석으로 옳은 것은?

① (가) : 분노
   (나) : 안정감
② (가) : 편안함
   (나) : 자신감
③ (가) : 분노
   (나) : 행복함
④ (가) : 기쁨
   (나) : 슬픔
⑤ (가) : 외로움
   (나) : 반가움

5. 강아지가 다음과 같은 '꼬리언어'와 '귀언어'를 보일 때 보호자의 행동으로 옳지 않은 것은?

① 간식을 한 웅큼 주면서 나쁜 감정을 긍정적인 상태로 변화시킨다.
② 안정감을 느낄 수 있는 공간을 제공한다.
③ 스스로 극복하도록 가만히 내버려 둔다.
④ 부드럽게 쓰다듬어 주며 하품을 한다.
⑤ 강아지가 무서워하는 원인을 찾아내어 제거한다.

6. 다음은 강아지의 심리상태를 나타낸 것이다. 그림에 나타난 강아지의 '귀언어'와 '몸짓언어'에 대한 설명으로 옳은 것을 모두 고르시오.

ㄱ. 갸우뚱하는 고개는 '두려움'을 뜻한다.
ㄴ. 귀를 쫑긋하는 모습으로 보아 어디선가 신기한 소리가 들려왔다.
ㄷ. 아픈 곳이 있어서 몸통을 기울이고 있다.

① ㄱ   ② ㄴ   ③ ㄷ
④ ㄱ, ㄷ   ⑤ ㄱ, ㄴ, ㄷ

7. 빈칸에 들어갈 대화로 알맞은 것은?

보호자 : "멍멍아~ 우리 공놀이 할까?"
강아지 : "_____"

① 무관심 - "나는 공놀이보다는 산책이 좋은데…."
② 분노 - "물어버리기 전에 저리 꺼져."
③ 두려움 - "다가오지 마세요. 나만의 공간에 숨고 싶어요."
④ 신남 - "너무 신나! 얼른 던져 주세요!"
⑤ 흥미 - "이건 뭐지? 냄새를 맡아볼까? 킁킁."

139

8. 발톱을 깎던 강아지의 '몸짓언어'가 (A)에서 (B)로 변화했을 때, 보호자가 취해야 할 행동으로 옳은 것은?

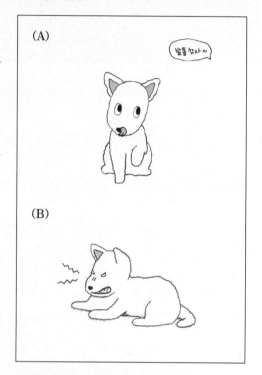

(A)

발톱 깎자 ~

(B)

① 불같이 화를 내며 혼낸다.
② 일단 발톱 깎는 것을 멈추고, 간식을 주며 발톱 깎이와 익숙해지게 만든다.
③ 산책 갈까?" "간식 먹을까?"라는 말로 정신을 분산시키며 몰래 발톱을 깎는다.
④ 싫어해도 꼭 해야 하는 일이니 힘으로 붙잡고 깎는다.
⑤ 주의를 환기시킬 겸 손으로 코를 톡 때린다.

[9-10] 〈보기〉를 읽고 물음에 답하시오.

─── 〈보기〉 ───

○○○○년 ○○월 ○○일 날씨 맑음

오늘은 우리집 강아지 '멜멜이'와 한강으로 피크닉을 다녀왔다. 멜멜이는 촉촉한 코를 계속해서 킁킁거리고 꼬리를 흔들었다. 한참 동안 산책을 하다가 배가 고파져서 나무 그늘 아래 돗자리를 펼쳤다. 샌드위치를 먹고 있는데 멜멜이가 자꾸 발로 툭툭 치며 보채길래, 포장해온 닭가슴살 간식을 꺼내서 먹였다. 햇살은 따뜻하고 바람은 시원해서 잠이 왔다. 함께 드러누워 한가로이 낮잠을 잤다. 멜멜이는 (A)내 옆에서 배를 뒤집고 잠에 들었다. 집에 돌아와서 발을 닦이는데 멜멜이의 몸에서 꼬릿 꼬릿한 냄새가 났다. 화장실에 들어가서 샤워기를 들었더니, 멜멜이가 (B)계속해서 하품을 했다. 목욕을 끝낸 뒤에 털을 보송보송하게 말리고 다시 누웠다. 오늘도 좋은 추억이 하나 더 생긴 것 같아 기분이 좋다. 멜멜아, 앞으로도 행복한 기억 많이 만들어 줄게!

9. (A)에 나타난 '몸짓언어'의 의미로 옳은 것은?

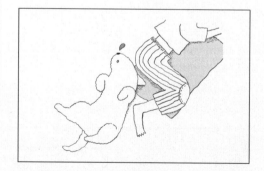

① 피곤함   ② 우울   ③ 편안함
④ 경계심   ⑤ 긴장

10. (B)의 상황에서 동시에 표현될 수 있는 행동언
어로 옳지 않은 것은?

① 눈을 깜박거린다.
② 귀를 긁는다.
③ 코를 핥는다.
④ 엉덩이를 바닥에 끈다.
⑤ 고개를 돌린다.

11. 다음 그림 속 강아지의 언어를 해석하여 보호
자가 들고 있는 것이 무엇인지 맞추시오

① 멜로우 매거진
② 고구마 말랭이
③ 스마트폰
④ 리모컨
⑤ 게임기 컨트롤러

〔서술형〕

12. 그림에 나타난 (A) '몸짓언어'에 대한 설명과
해당 몸짓언어가 나타날 시 (B) 동시에 표현될
수 있는 '음성언어'에 대해 서술하시오.

(A) _____

_____

(B) _____

_____

강아지 언어 영역 정답 및 해설

정답

01	①
02	②, ③, ⑤
03	⑤
04	②
05	③
06	②
07	④
08	②
09	③
10	④
11	②
12	해설참조

해설

1. [해설] 강아지는 꼬리, 귀, 몸짓, 표정 등을 통해 다양한 감정과 언어를 표현한다. 뱃살, 속눈썹, 항문, 발톱 등은 강아지의 행동언어가 나타나는 부위가 아니므로 답은 ①번이다.

2. [해설] 그림 속 강아지는 귀를 머리 뒤로 바짝 붙이고(귀언어) 꼬리를 아래로 내린 채(꼬리언어) 한쪽 다리를 들고(몸짓언어) 있다. 따라서 답은 ②, ③, ⑤번이다.

3. [해설] (가)의 강아지는 꼬리가 중간 높이에 있는 반면 (나)의 강아지는 꼬리가 높이 올라가 있다. 따라서 답은 ⑤번 꼬리의 높이다.

4. [해설] 강아지는 마음이 안정된 상태에서 중간 정도의 높이에 자연스럽게 꼬리를 둔다. 따라서 (가)의 답은 '편안함'이다. (나)의 상황에서 강아지는 꼬리가 올라가고 고개를 높이 들고 있다. 이는 자신감을 나타내는 꼬리 언어로 답은 ②번이다.

5. [해설] 그림 속 강아지는 극도의 공포를 느끼고 있다. 이러한 상황에서 보호자는 다양한 방법으로 강아지의 공포감을 해소시킬 수 있다. 다만, 강아지가 스스로 환경을 바꿀 수 없는 상황에서 알아서 극복하도록 내버려 두는 것은 강아지의 공포감을 극대화할 수 있으므로 옳지 않은 행동이다.

6. [해설] 그림 속 강아지는 호기심이 생겼을 때의 행동언어를 보이고 있다. 처음 듣는 흥미로운 소리가 들려오면 강아지들은 고개를 갸우뚱하며 소리가 난 방향으로 몸을 기울이거나 귀를 쫑긋거린다. 따라서 ㄱ, ㄷ 지문은 옳지 않다.

7. [해설] 그림 속 강아지는 앞가슴을 내리고 엉덩이가 든 상태에서 꼬리를 살랑살랑 흔드는 '플레이 보우(Play bow)' 자세를 취하며 빙글빙글 돌고 있다. 이는 강아지들이 신났을 때 보이는 전형적인 몸짓언어다.

8. [해설] (A) 그림에서 강아지는 흰자를 드러낸 채 코를 핥고 있다. 이는 전형적인 카밍 시그널(Calming signal)로, 강아지가 위협이나 불편함을 느낄 때 나타내는 몸짓언어다. (B) 그림에서 강아지는 이빨을 드러낸 채 으르렁거리고 있다. 강아지가 으르렁거리는 이유는 다양하지만, 불편을 느끼던 (A) 상황에서 발전된 것으로 보아 '발톱을 깎는 것이 몹시 싫다'는 표현으로 이해할 수 있다. 이런 강아지들에게 무리하게 발톱 깎기를 강요한다면 오히려 상황이 악화될 수 있다. 느긋한 마음을 가지고, 간식과 칭찬을 활용해서 발톱 깎는 시간이 즐거운 시간으로 인식될 수 있게 만들어야 한다.

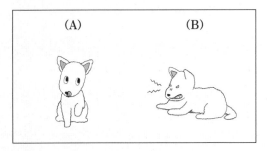

9. [해설] (A) 상황에서 강아지는 배를 뒤집고 잠들어 있다. 이는 안정감과 신뢰감을 표현하는 자세로 편안함을 나타나는 몸짓언어다.

10. [해설] 하품을 하는 행동은 코를 핥는 행동과 마찬가지로 대표적인 카밍 시그널 중 하나다. 이 외에도 눈을 천천히 깜박이거나, 귀를 긁거나, 고개를 돌리는 것 또한 카밍 시그널에 속한다. 다만 엉덩이를 바닥에 끄는 행동은 해당되지 않는다.

11. [해설] 그림 속 강아지는 꼬리를 큰 폭으로 흔들고 있다. 이는 기분 좋음을 나타내는 '꼬리언어'다. 일반적으로 강아지들은 보호자의 관심을 빼앗는 스마트폰, TV, 게임기보다는 맛있는 간식인 고구마 말랭이를 좋아하므로 답은 ②번이다. 단, 보호자가 멜로우 매거진을 들고 있는 것을 좋아하는 강아지가 있을 수 있으니 예외적으로 ①번도 답으로 정한다.

12. [해설] 그림 속 강아지는 발을 사용하여 보호자를 툭툭 치며 뭔가를 요구하고 있다. 이는 무언가 원하는 것이 있을 때 보이는 몸짓언어이다. 배가 고프거나, 장난감을 가지고 놀고 싶거나, 배변이 마려울 때에도 보이는 <u>요구성 행동</u>이다. 해당 몸짓언어에는 짧게 짖는 <u>'요구성 짖음'</u> '낑낑거림' 등이 동반될 수 있다.

강아지 언어 영역
개념 완성

이번 단원에서는 강아지의 귀언어, 꼬리언어, 몸짓언어를 학습한다. 이번 단원의 학습 목표는 이 세 가지 행동언어의 개념을 이해하고 실생활에 적용해보는 것이다.

강아지의 귀, 꼬리, 몸짓은 신체 부위로서 기능하는 동시에 언어 표현의 도구이기도 하다. 수많은 근육과 신경을 포함하고 있으며 미세한 움직임을 통해 수많은 메시지를 우리에게 전달하고 있다. 그러니 우리는 강아지의 행동언어를 면밀히 관찰하며 의미를 포착하기 위해 노력하는 자세가 필요하다. 다음 그림들에 나타난 강아지들의 행동을 통해 강아지의 언어에 대해 더욱 자세히 알아보자.

귀언어 - 관심/집중

귀를 앞으로 모으고 귀를 쫑긋 세우고 있다. 소리가 들려오는 방향에 따라 한쪽 귀를 움직이기도 한다. 이 행동은 무언가에 호기심이 생겨 관심을 두고 있다는 뜻으로, 소리가 들리는 원인을 자세히 파악하고 싶을 때 이런 행동을 보인다. 보호자가 말을 걸었을 때 고개를 갸우뚱거리며 귀를 쫑긋 세운다면, 보호자의 말에 관심이 있다는 뜻이니 애정 표현을 많이 해 주길 바란다.

귀언어 - 공격

귀가 앞쪽을 향하고 있으며 소리를 잘 포착하기 위해 실룩거린다. 이는 강아지의 공격적인 시그널이며 다가오지 말라는 의미를 가지고 있다. 무언가로부터 위협을 느꼈거나 음식, 보호자 등 한정된 자원에 대한 위기감을 느끼는 경우 이런 행동을 보인다. 으르렁거리는 음성언어와 이빨을 드러내는 표정까지 보일 경우 확실한 공격적 시그널로 이해할 수 있다. 특히 강아지가 아끼는 음식을 먹고 있을 때 자주 보이는 행동으로, 이런 행동을 보일 땐 충분히 먹을 시간을 주며 안정감을 느끼게 해주는 것이 좋다.

귀언어 - 불안/스트레스

귀 끝이 뒤쪽을 향해 납작하게 엎드리고 뻣뻣하게 고정되어 있다. 이는 불안하거나 스트레스를 받고 있다는 의미다. 보호자에게 혼나거나, 갑작스레 큰 소리가 들려오거나, 무서운 상황을 맞닥뜨렸을 때 이런 행동을 보인다. 이럴 때에는 강아지의 곁에서 하품을 하며 부드럽게 쓰다듬어주면 불안감을 해소시키는 데 도움이 된다.

④

꼬리언어-평온

꼬리가 중간 즈음 높이에 편안하게 위치했다. 이는 강아지가 마음의 동요가 없고 평화로울 때 보이는 꼬리 모양이다. 평온한 꼬리언어를 보이던 강아지도 무엇인가에 집중했을 경우에는 꼬리를 살짝 아래로 내릴 수 있다. 그럴 때 강아지의 기분이 안 좋아졌다고 당황하거나 걱정할 필요는 없다.

⑤

꼬리언어-자신감

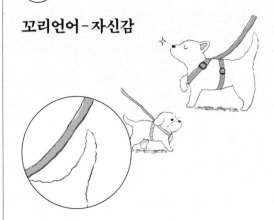

꼬리가 빳빳하게 하늘을 향해 올라가 있다. 자신감으로 가득 차 있는 상태다. 자신감을 표현함과 동시에 기분이 고조되었을 때 보이는 행동이다. 유독 당당한 성격의 강아지의 경우 힘차게 뒷발을 굴러 땅을 박차면서 자신감을 보이기도 한다.

⑥

꼬리언어-반가움

꼬리를 위로 올린 채 부드럽게 흔든다. 이는 반갑고 기쁜 감정의 표현으로, 반가운 사람이나 친구를 만났을 때 혹은 즐거운 일이 생겼을 때 보이는 행동이다. 기분이 좋을수록 꼬리를 흔드는 폭이 넓어지고, 흥분도가 높을수록 꼬리를 흔드는 속도가 빨라진다. 지켜보는 사람까지 행복해지는 사랑스러운 꼬리언어다.

⑦

꼬리언어-불안/두려움

잔뜩 내린 꼬리의 경우 불안하고 겁이 난다는 시그널이다. 처음 보는 사람이나 낯선 장소, 외부 소음 등에 두려움을 느낄 때 흔히 볼 수 있는 꼬리언어다. 다만 자기보다 힘이 센 상대를 만났을 때 꼬리를 내리는 것은 불안과 두려움보다는 상대와 싸우지 않고 싶다는 메시지를 전달하는 의미로 해석할 수 있다.

⑧ 꼬리언어 - 극도의 공포

꼬리를 다리 사이로 숨기는 모습은 극도의 불안감과 공포심을 나타내며, 특정 상황에 트라우마가 있는 경우 이런 꼬리언어를 보이기도 한다. 주로 납작 엎드려 덜덜 떠는 몸짓언어가 동반되며 숨이 가빠지거나 침을 흘리거나 배변 실수를 하는 경우도 있다.

⑨ 몸짓언어 - 플레이 보우(Play bow)

상체를 낮추고 엉덩이를 드는 행동은 기지개를 펼 때도 하는 행동이지만, 놀이의 시작을 알리는 언어이기도 하다. 사람의 말로 해석하면 "우리 같이 놀아요!" 정도로 볼 수 있다. 좋아하는 장난감이 있거나 놀고 싶은 친구를 만났을 때 이런 행동을 보인다. 강아지가 이러한 행동을 보인다면 하던 일을 내려놓고 신나게 놀아주도록 한다.

⑩ 몸짓언어 - 편안함

등을 바닥에 대고 편안하게 눕는다. 이는 강아지가 속한 환경에서 안정감을 느끼고 있으며 자신을 위협할 낯선 이가 없다는 뜻이다. 상대방에게 배를 보여주는 것은 야생에서는 생존에 매우 취약한 자세이다. 그러므로 이러한 자세를 보이는 강아지의 경우 해당 환경에서 안정감 및 신뢰감, 편안함을 느끼고 있다고 볼 수 있다.

⑪ 몸짓언어 - 호기심

고개를 갸우뚱 기울이며 몸통을 소리가 나는 방향으로 돌린다. 이는 관심과 호기심의 표현으로, 자신이 좋아하는 소리가 들려올 때 이런 몸짓언어를 사용한다. 강아지들은 언제나 자신이 좋아하는 단어를 기다리고 있으니 '산책' '맘마' '까까' 등의 단어는 신중히 말하도록 한다.

몸짓언어 - 불편함

반복해서 코를 핥고, 몸을 긁고, 하품을 한다. 이는 긴장감이 높고 불안하다는 뜻으로, 낯선 사람을 만나거나 낯선 환경에 처했을 때 이런 행동을 보이곤 한다. 이런 몸짓언어로 긴장감을 해소하기도 하지만 자신이 불안하고 불쾌하다는 것을 상대방에게 보여주는 의미도 있다.

13

몸짓언어 - 요구

보호자를 빤히 쳐다보며 앞발로 툭툭 친다. 낑낑거리는 소리를 낼 때도 있으며 심지어는 짖기도 한다. 이는 강아지가 무언가 원하는 것이 있다는 뜻의 몸짓언어다. 배가 고프거나, 장난감을 가지고 놀고 싶거나, 배변이 마려울 때 보이는 행동이다. 강아지의 기본적인 욕구는 당연히 충족시켜줘야 하지만 요구하는 바를 모두 들어주는 경우, 여러가지 문제가 생길 수 있으니 상황에 맞게 적당히 판단해서 수용해야 한다.

우리사이 통역을 부탁해

에디터 박조은 | 그림 김혜진

한 지붕 아래 두 털복숭이가 함께 살게 되었다. 두근거리는 첫 만남, 터줏대감 고양이와 후임 강아지의 눈이 마주친다. 반짝이는 눈으로 한참 동안 서로를 마주보며 풍성한 꼬리를 살랑거린다. 얼핏 보면 그저 사랑스러워 보이는 이 풍경. 하지만 자세히 들여다보면 알 수 있다. "야옹" 하고 물었는데 "멍멍" 하고 답하는 동문서답, 아니 냥문멍답이 펼쳐지고 있다는 걸. 긴장감 넘치는 첫 대면은 결국 냥냥펀치라는 새드엔딩으로 끝나버렸다. 이대로는 안 되겠다. 너희 둘 사이, 통역이 필요해!

새로운 가족을 만나는 날, 아기 강아지는 상기된 표정으로 현관문을 열고 들어가며 생각한다. '첫인상이 중요해. 잘 보여서 얼른 친해져야지!' 꼬리를 큰 폭으로 살랑살랑 흔들며 반가움을 표현하는 시그널을 보낸다. 그 인사에 화답이라도 하듯 같이 꼬리를 흔들어주는 고양이. 그 모습을 보고 용기를 얻은 강아지는 고양이를 향해 발랄하게 뛰어간다. 통통한 배를 뒤집어 보여주고, 앞가슴을 내린 채 엉덩이를 흔들며 온몸으로 애정 공세를 보낸다. 아무리 치대도 반응이 없자 비장의 무기를 꺼내는 강아지. 자신만만하게 고양이에게 한 발짝 다가가 보송보송한 얼굴을 할는 바로 그 순간, 냥냥펀치가 날아온다.

터줏대감 고양이의 이야기도 들어보자. 평소처럼 창가에서 따스한 햇살을 맞으며 그루밍을 하던 고양이의 귀에 낯선 소리가 포착된다. '이 산만한 걸음 소리는 뭐지?' 현관 비밀번호 누르는 소리가 들려오고 열린 문 앞에 태어나서 처음 보는 동물이 서있다. 낯선 모습에 잔뜩 긴장해 있는데 그 녀석이 갑자기 꼬리를 흔들기 시작한다. 고양이에게 꼬리를 흔드는 건 싸우자는 뜻. 점점 기분이 나빠지기 시작한다. 질 수 없다는 듯 꼬리를 흔들며 불편한 심기를 드러내 본다. 그런데 자신이 꼬리를 흔들면 흔들수록 오히려 텐션이 높아지는 강아지. 심지어 눈 앞까지 다가와 호들갑을 떤다. 힘겹게 분노를 삭이고 있던 찰나, 볼에 축축한 혓바닥의 질감이 느껴진다. '더 이상은 못 참아!' 그렇게 냥냥펀치를 날리고 만다.

많은 사람들이 강아지와 고양이는 평생 친구가 될 수 없다고 생각한다. 'Fight like cats and dogs(고양이와 개처럼 싸우다)'라는 관용어가 있을 정도로 서먹하게 여겨지는 강아지와 고양이 사이. 이 둘의 첫 만남도 순탄치는 않았다. 하지만 첫 만남으로부터 꽤 오랜 시간이 지난 지금, 둘은 서로의 언어와 시그널을 조금씩 이해하고 있다고 한다. 그렇다면 어디 한 번 그 결과물을 조금 들여다볼까?

#1. 고양이 손민수 실패

사용하는 언어도, 몸을 사용하는 능력도 이렇게나 다르다. 높은 곳에 사뿐히 올라가는 건 고양이만 할 수 있는 일이니 일찌감치 포기하도록 하자.

#2. 냥냥펀치 극복기

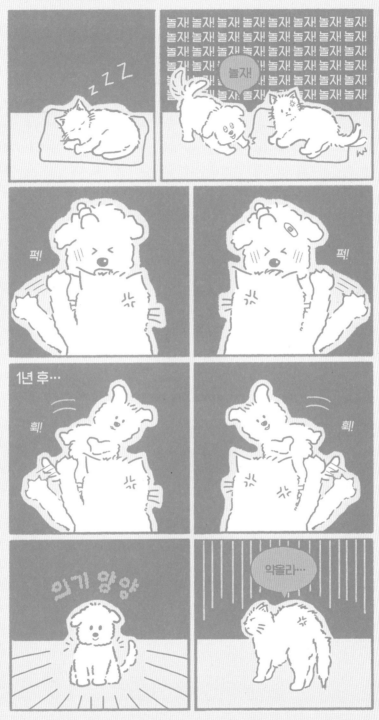

처음엔 냥냥펀치를 피할 수 없을지도 모른다. 하지만 수련의 시간을
쌓다보면 곧 능숙하게 피하는 능력을 가질 수 있다.

#3. 냥문멍답을 해결한 마법의 단어들

둘은 전혀 다른 언어를 사용한다. 하지만 어떤 단어를 들으면 같은 반응
을 보인다. 눈을 반짝이거나, 어딘가로 숨어버리거나.

#4. 사랑의 박치기

고개를 비비적거리는 헤드번팅(Head-Bunting)으로 애정을 표현하는 고양이, 그리고 온 몸으로 "너가 좋아!"를 표현하는 강아지. 서로 다른 언어로 말하고 있는 것은 바로 '사랑'이다.

Dog's Signals That
You Should Not Miss

낭만 수의사의 댕댕 시그널 차트

글 구본우 수의사 @bonnu_gen

대화란 서로 마주보며 상대의 생각과 이야기를 나누는 행위입니다. 그 대화를 통해 우리는 서로의 마음을 이해하기도 하고 문제를 해결할 수도 있죠. 강아지들 역시 우리와 대화를 무수히 시도합니다. 시도 때도 없이 반려인에게 무언가를 전하려 해요. 단순한 애정표현이 대다수지만 반드시 캐치해야 할 정보도 종종 있습니다. 가족이자 친구이자 보호자인 우리가 놓치지 말아야 할 중요한 시그널은 어떤 것들이 있을까요.

우선 기본적인 부분을 체크하는 게 중요합니다. 밥은 먹는지, 체중은 그대로인지, 행동의 변화가 있는지, 구토나 설사 같은 증상이 있는지, 오줌을 자주 싸거나 양이 많진 않은지, 색은 어떤지, 물은 잘 마시는지, 혹시 너무 많이 마시진 않는지 등 일상적인 루틴에서의 변화를 살피는 것 말이죠.

구토 증상은 반려견과 보호자가 병원을 찾는 가장 흔한 신호입니다. 구토는 건강 상태가 정상일 때도 할 수 있기 때문에, 습관성으로 봐야 할지 치료해야 하는 것으로 접근할지에 관한 기준이 필요합니다. 저는 식욕 여부를 가장 중요하게 생각합니다. 식욕이 없으면서 구토 증상이 지속된다면 소화기 질환을 의심해야 합니다. 췌장염, 신부전 등은 치명적 질병으로 당장 치료가 필요합니다. 혹, 이물 섭취로 인한 물리적 장애일 수도 있어 꼭 문진을 통해 진단을 받아야 합니다.

식욕은 충분한데 구토가 잦다면 어떻게 해야할까요. 그럴 때마다 병원을 찾아야 하느냐고 묻는 반려인이 많습니다. 이 경우에는 먼저 식생활을 체크해야 합니다. 평소 안 먹던 것을 먹는지, 혹은 평소에 먹는 것을 너무 많이 먹는지, 사료가 바뀌지는 않았는지, 딱딱한 것을 먹지는 않는지 등을 확인한 뒤 이전과 달라진 부분이 있다면 그것부터 바로잡는 것이 중요합니다. 원인을 배제시키는 것이지요. 증상이 잡힌다면 굳이 치료를 받지 않아도 됩니다. 습관만 바꿔도 호전될 수 있습니다.

만약 체중까지 줄었다면 단순 급성 소화기 장애가 아닌 만성 질환의 가능성을 의심해봐야 합니다. 구토 증상에 체중 감소가 동반되었다면 하루 이틀의 문제가 아닐 수 있습니다.

다음과 다뇨, 즉 물을 많이 마시고 오줌을 많이 싸는 증상도 놓쳐서는 안 될 신호입니다. 연령이 높은 강아지가 이런 증상을 보이는 경우가 많은데 대수롭지 않게 여기는 반려인이 많습니다. 해당 증상은 당뇨병과 쿠싱 등 호르몬 질환, 췌장염과 같은 전신염증성질환, 신부전 등을 알리는 시그널일 수 있습니다. 바로 병원을 내원해서 면밀한 문진으로 신체 검사를 진행한 뒤 추가 진료를 진행해야 합니다.

반려견이 다리를 들고 다니거나 절뚝이고 있나요? 낙상 등 사고가 있었던 경우에는 골절 혹은 감염이 있을 수 있으므로 내원하는 것이 좋습니다. 만약 하루 정도 절뚝이다 마는 경우라면 염좌나 근육 손상 같은 일시적 파행일 가능성이 큽니다. 이런 경우에는 며칠 더 지켜보다 증세가 반복되거나 어딘지 불편해 보이면 추가로 체크를 할 필요가 있습니다.

소형견의 경우 슬개골 탈구를 염려하는 분이 많습니다. 보통 슬개골 탈구는 강아지가 통증을 보이진 않습니다. 그렇기 때문에 평소처럼 잘 뛰어다니고 걸어다닌다고 해서 안심할 것이 아니라 보행시 다리가 휘지는 않는지, 소리가 나지는 않는지 등을 관찰해야 합니다.

반려견이 평소와 얼마나 어떻게 다른 시그널을 보내는지, 언제부터 신호를 보냈는지, 그것이 더 심해지고 있지는 않는지를 알고 있는 것이 중요합니다. 모든 질병의 진단은 반려인의 인지로부터 시작되기 때문입니다. 진단 포인트는 특별한 곳에 있지 않습니다. 사소하지만 애정 어린 시선으로 반려견의 시그널을 읽어낼 수 있다는 것을 꼭 기억하시기 바랍니다.

구본우 수의사는 성남 젠동물병원장이자 그림 그리고 선물하길 좋아하는 '낭만 수의사'이다. 저서로는 『미술관 옆 동물병원 479번지』가 있다.

SIGNALS TO BECOME A FAMILY

가족이 되기까지, 시그널의 연속

안락사를 하루 앞둔 보호견이 목숨을 부지할 확률, 공격성 짙은 대형견이 새로운 환경에서 금세 순하게 적응할 확률, 1만km 이상 떨어진 먼 나라에서 사라진 실종견과 재회할 확률, 간절히 입양을 바란 강아지와 마침내 가족이 될 확률. 이 모든 확률이 곱해질, 그러니까 차례로 현실이 될 가능성은 얼마나 될까. 주변에서 '기적'이라 부르는 확률을 직접 겪은 당사자는 다르게 표현한다. 그것은 '시그널'의 연속이었다고.

글·사진 김진수 @ere_jindo_g | 에디터 박재림

흔들리는 동공, 드러낸 이빨

2021년 4월, 휴대폰 액정화면으로 전해진 너의 첫 시그널.
유기견 보호소에서 공고번호로 불리는 너는 누가 봐도 공
격성이 다분한 사나운 진돗개 같았다. 입양 혹은 임시보호
가 아니면 곧 안락사 될 예정이라는 안내 문구 때문이었을
까. 억세고 사나운 짖음보다, 슬프게 흔들리는 네 동공과 파
르르 떠는 야윈 네 몸이 보내는 신호가 더 강하게 내게 와닿
았다.
세 강아지의 반려인인 나에겐 마음의 빚이 있었다. 언젠가
길을 잃은 강아지를 발견하고 유기견 보호소로 보낸 적이
있었다. 좋은 마음으로, 곧 주인을 찾을 거란 생각으로 보낸
거였는데 결국 그 강아지는 열흘 만에 안락사 되고 말았다.
누구에게도 선택 받기 어려울 것 같은 너를 보며 그 강아지
를 떠올리지 않을 수 없었다.
너를 만나러 남편과 함께 직접 보호소로 향했다. 엄청난 악
취와 소음. 영상 속 너의 행동과 눈빛이 금방 이해됐다. 우
리와 눈이 마주친 너는 다가오지 말라는 듯, 화가 난듯 계속
짖어댔다. 그래도 안락사는 피해야 했다. 임시보호를 신청
하고 안락사를 하루 앞둔 너를 우리 집으로 데려왔다.

오독오독 고구마를 씹는 입, 포근한 눈빛

집에 도착하고도 걱정이 많았다. 신경안정제 약 기운이 떨어지면 또 사나운 모습을
보이진 않을까. 하지만 너는 그저 조용히 잠을 청할 뿐이었다. 그 사이 우리는 너의
이름을 지었다. '이레'. 남편은 어느 외국말로 '힘내'라는 뜻이라고 했다. 잠에서 깬 네
가 주변을 둘러볼 때 우리는 "이레야~" 하고 말을 걸었다. 보호소에서처럼 화를 내며
짖지 않을까 걱정했지만 너는 그러지 않았다.

밥도, 물도 먹지 않는 네가 걱정되어 고구마 말랭이를 들고 조심스레 다가갔다. 너는
오밀조밀 귀여운 입으로 고구마 말랭이를 오독오독 예쁘게도 먹었다. 나와 남편은
뛸 듯이 기뻤다. 그렇지만 혹시나 네가 깜짝 놀랄까 봐 소리도 지르지 못했다.

한 알, 한 알 던져준 사료도 잘 먹었다. 물까지 시원하게 마신 너는 곧 자리에 누웠다.
그리고는 우리와 눈을 맞췄다. 네 눈빛이 전하는 의미를 알 수 있을 것만 같았다. '정
말 고마워요.' 너는 분명 그렇게 말해주었다.

꼬리 흔들기, 눈물을 닦아준 발

3일째 되던 날, 너는 내게 다가와 손길을 허용했다. 이게 바로 소통인 걸까. 며칠 뒤에는 꼬리를 흔들고 점프를 하며 다가왔다. 기절할 정도로 감격했다. 네가 우리를 거부하고 물지도 모른다고 생각했던 편견이 부끄러울 지경이었다.

다음은 합사였다. 우리 집에는 15살 말티즈 '송이', 4탈 말티즈 '팽이', 1살 도베르만 '타리'가 있었다. 그제까지 베란다와 펜스 안에서만 지낸 너는 벽을 넘어 다른 강아지들과도 금방 가까워졌다. 모든 것이 자연스럽고 평화로웠다. 강아지들끼리는 더 소통이 잘 되는 걸까. 그렇게 3주가 지나 우리는 임시보호를 끝내고 너를 입양하기로 결심했다.

그러나 어째서인지 보호소에서는 몇 번이나 입양이 어렵다고 했다. 며칠 뒤 너의 해외 입양이 결정되었다는 소식을 들었다. 미국 노스캐롤라이나. 넓은 정원과 수영장이 있는 큰 집에서 사는 입양 희망자의 환경과 한국보다 반려문화가 발전한 나라라는 점에서 우리는 욕심을 더 부리기 어려웠다. 그때 너는 내 눈에서 떨어지는 눈물을 앞발로 닦아주었다.

뜻밖의 입질, 이별의 울부짖음

우리에게 남은 시간은 고작 2주일. 입양 희망자에게 너의 정보를 더 많이 주기 위해서, 또 이별 전 너와 추억을 쌓기 위해서 많은 곳을 돌아다녔다. 수영장, 반려견카페, 바다…. 프로펠러처럼 흔드는 꼬리와 세상 가장 행복한 미소가 이제 우리에게는 고통이자 슬픔이었다. 남편은 정을 떼겠다며 일부러 모질게 굴었다. 하지만 넌 늘 남편 옆을 지켰다.

미국 가서도 쓰라고 새로 산 하네스와 리드줄을 하고 산책에 나선 날이었다. 낯선 사람이 다가와 쓰다듬으려고 하자 너는 갑자기 입질을 했다. 한 달 가까이 보이지 않던 공격성. 그 사람에게 연신 사과를 했다. 그리고 입양 진행 단체와 입양 희망자에게도 그 사실을 전했다. 내심 해외 입양이 취소되길 바랐다. 그러나 입양은 예정대로 진행되었고 우리는 공항에서 작별을 했다. 켄넬 안으로 들어간 너는 울부짖었고, 그런 너를 보는 우리도 펑펑 울었다. 비행기는 떠났고, 한 달 반 우리의 시간도 그렇게 끝났다. 네가 무사히 도착하기를, 너를 만나면 곧 연락하겠다는 입양자의 메시지가 도착하기를 기다렸다.

당황한 눈빛, 거부의 몸짓

너는 13시간의 비행 끝에 미국 땅에 도착했다. 새로운 반려인이 보내준 사진 속에서 너는 매우 당황한 눈빛을 하고 있었다. 다시 차를 타고 10시간 넘게 이동해서 집에 도착했다는 너는 한여름 땡볕에도 실내로 들어가지 않고 마당에만 누워있다고 했다. 밥과 물그릇에서 멀찌감치 떨어져 누워있는 모습에 우리는 마음이 갈기갈기 찢어졌다.

입양자는 네가 새로운 가족을 거부하고 손을 물기까지 했다고 전했다. 그러면서 이 정도로 공격성이 있는 줄 알았다면 입양하지 않았을 거라고 했다. 이상했다. 분명히 공격성과 입질에 관해 전달을 했는데… 결국에는 파양 의사를 드러냈다. 우리는 그 사실을 입양 단체에 알렸고, 잠시 뒤 담당자로부터 전화를 받았다. 네가 실종되었다고. 담장을 뛰어넘어 사라진 것 같다고.

당장 미국으로 출발하고 싶었지만 코로나 시국에선 수속에 시간이 많이 걸려 어려운 일이었다. 현지에서 수색 중인 사람들에게 우리 목소리가 담긴 음성 파일과 체취가 남은 옷가지 등을 전달하는 게 전부였다. 나와 남편의 목소리를 듣고 네가 잠시 모습을 나타냈지만 이내 다시 사라졌다는 얘기를 들었다. 결국 우리는 직접 미국으로 가서 너를 찾기로 결정했다.

배를 보인다는 것

네가 사라지고 14일째 되는 날 우리는 미국에 도착했다. 노스캐롤라이나 한인회, 봉사자, SNS를 통한 후원자 등 여러 감사한 분들 덕분이었다. 수색팀을 꾸려서 곳곳으로 너를 찾아다니다 이튿날 익숙한 울음소리를 들었고 3일차에는 마침내 너의 모습을 멀리서 볼 수 있었다.

다음날 이른 새벽, 너의 발자국이 발견된 들판에서 다시 너를 발견했다. 천천히 너에게 다가가며, 우리 함께 지내는 동안 자주 했던 말을 하염없이 반복했다. "산책하러 가자" "밥먹으러 가자" "집에 가자"…

거리를 좁힌 뒤 나는 그대로 자리에 앉았고 너는 조금씩 조금씩 다가오며 냄새를 맡았다. 그리고는 나를 알아보고 세차게 꼬리를 흔든다 드러누워 배를 보였다. 기쁨과 안도, 분노 등이 여러 가지 감정이 쏟아졌다. 혹시나 네가 깜짝 놀랄까봐 꾹 참아냈다. 미국시간 6월 30일, 오전 7시 7분. 너는 17일의 방황을 끝내고 구조되었다.

방방 점프, 변치 않은 눈빛과 미소

코로나 시국의 복잡한 입국 절차 끝에 너를 데리고 한국으로 돌아왔다. 2주가 넘는 야생 생활의 여파로 너는 몸에 진드기가 가득했고, 살이 많이 빠졌고, 탈수 증세도 있었다. 또 하나의 걱정은 남편이었다. 함께 미국에 가지 못했기에 근 한 달 만에 재회하는 남편을 네가 알아볼 수 있을지 확신할 수 없었다.

너는 남편을 보자마자 방방 뛰어댔다. 네가 정말 기분이 좋을 때 하는 행동이었다. 남편은 너를 꼭 껴안고 펑펑 울었다. 돌아온 너는 송이, 팽이, 타리, 다른 강아지들과도 서로 냄새를 맡고 꼬리를 흔들며 환영인사를 나눴다. 27일 만에 네가 돌아온 집. 우리는 마침내 '진짜 가족'이 되었다.

너는 종종 예민한 모습을 보이기도 했고, 이전까지 우리가 알던 것과는 다른 표정을 짓기도 했다. 그래도 우리를 바라보는 눈빛과 미소는 그대로였다. 그것이 우리를 안심하게 하고 힘을 내게 했다. 병원에서 꾸준히 치료를 받으며 너는 몸과 마음을 회복해갔다.

얼굴 부비부비, 벌러덩 쩍벌

수많은 고비를 넘고 우리가 다시 함께할 수 있는 건 많은 사람들의 도움 덕분이었다. 특별한 인연이 있는 것이 아님에도 오로지 너의 행복을 바라며 마음과 시간을 써준 분들. 보답하는 심정으로 우리는 어려운 상황에 놓인 유기견을 임시보호하고 입양해 그 사랑을 나누고 있다. 그 강아지들과 살갑게 지내는 너를 보면 마음이 뭉클해진다.

우리가 다시 만난지 딱 1년 되는 지난해 6월부터는 웹툰을 연재하고 있다. 너와의 만남과 이별, 재회를 담은 〈이레툰〉. 결코 아름답다고만은 할 수 없는 스토리지만, 너의 이야기를 통해 유기견 입양 임시보호 등 현실이 보다 많은 사람들에게 전달되기를 바랐다. 세상의 수많은 유기견, '또 다른 이레'들에게 사랑받을 기회가 주어지길 바랐다.

또 다시 찾아온 6월. 너는 우리 앞에서 배시시 웃으며 꼬리를 흔든다. 내 품에 얼굴을 파묻는다. 그리고 벌러덩 드러누워 쩍벌 자세로 '폭풍애교'를 부린다. 네가 없었다면 아무리 큰 돈으로도 살 수 없는, 이 귀중하고 값진 사랑의 신호를 영영 모른 채 살아갔을지도 모른다. 고마워, 나의 너 이레.

Hello, I'm Mamma
I'm Looking For
My Family

맘마 ♂ / 2016년생 추정 / 16kg / 믹스견

"부처라는 별명을 갖고 있을 정도로 순둥한 성격을 가졌어요. 저는 누구라도 사랑할 준비가 되어 있어요. 그러니 저를 가족으로 받아주실래요?"

맘마를 처음 알게 된 건 독거노인 도시락 봉사를 하는 저희 어머니 덕분이었어요. 거기서 만난 어르신이 제가 반려견을 임시보호하고 입양 보낸다는 것을 알게 되면서 맘마의 사연을 들려 주셨죠. 보호자인 할머니가 건강 악화로 인해 강아지를 홀로 두고 입원하게 되셨다는 이야기였어요. 그로부터 6개월의 시간이 흘렀다고 덧붙여 말씀해 주셨어요. 할머니의 자녀분들에게도 연락을 취해봤지만 입양할 의사가 없다고 하시더라고요. 그렇게 오갈 데가 없어진 맘마는 주인 없는 빈집을 지키고 있었죠. 그 이야기를 듣고 주소를 어르신에게 얻어 찾아갔어요. 전기는 끊겨 있고 쥐들은 제집인 양 왔다 갔다 하고 있었어요. 발 디딜 틈도 없이 쓰레기로 가득 차 있는 바람에 찾기가 쉽지 않았어요. 폐기물 더미에서 강아지의 형체를 발견하고 기쁜 마음에 다가갔어요. 당시 맘마는 수개월 동안 사람과 교류가 없었던 터라 갑자기 들이닥친 저를 보며 무서워했죠. 구석진 곳으로 들어가는 아이를 계속해서 달랬어요. "괜찮아, 널 도와주려고 그러는 거야" 하며 조심스럽게 몸을 수그리며 다가갔어요. 제가 낯설 텐데 한 번도 짖지 않고 반항하지도 않던 순한 강아지예요.

처음 맘마가 집에 왔을 때에는 방 구석구석에 마킹을 했어요. 반려견으로 살아가기 위한 교육을 한 번도 받아보지 못했다는 걸 알게 됐어요. 입안에 종양이 여러 개 발견되었어요. 심지어는 심장사상충에도 감염되어 있었죠. 그대로 계속 방치되었다면 건강이 매우 안 좋았을 거예요. 하지만 지금은 건강을 완전히 되찾았어요. 얼마 전 심장사상충도 완치되었어요. 썩은 이가 많이 있어 발치 했지만, 먹성이 워낙 좋아 치아가 없다는 사실조차 잊게 돼요(웃음).

맘마의 가장 큰 매력은 정중함이에요. 찬찬히 사람을 지켜보다 만져 달라고 다가와요. 같이 지내던 보호자가 할머니였기 때문일까요? 느리지도 빠르지도 않은 몸짓에 여유가 있어요. 처음 보는 사람을 무서워해 엉덩이를 뒤로 빼지만, 보호자와의 관계를 파악하고 나면 꼬리를 천천히 흔들며 머리를 들이대죠. 부처라는 별명을 가지고 있을 정도로 순한 성격으로 강아지들과 사이가 좋아요. 산책하고 있는 다른 강아지를 보거나 동네 고양이를 만날 땐 살짝 흥분해요. 산책 매너와 배변 훈련은 아직 배워가고 있는 단계예요.

맘마가 따뜻한 마음을 지닌 가족과 함께하면 좋겠어요. 이 예쁜 눈을 깊게 들여다볼 수 있고, 천천히 발맞춰 산책하고 느긋하게 웃으며 맘마를 안아줄 수 있는 사람이었으면 해요. 인생이라는 큰 도화지 안에 맘마를 크게 그려 넣을 가족을 꼭 만났으면 합니다.

글·사진 이나리 @borrobombom | 에디터 백수빈

사지 말고 입양하세요

2023 대한민국 개 식용 현황 보고서

전국 식용 개농장
1,156
개소(5)

1. 식용 개농장 숫자

- 2017년 기준, 전국에는 약 2,800개의 개농장이 존재했다.(1)
- 2,800개의 개농장 중 50% 이상 폐업했을 것으로 예상(2)

사육 중인 개의 숫자(3)

약 **56**만 마리

전국 보신탕집(4)

약 **1,600**개

2. 죽기 위해 길러지는 개들

- 식용 목적으로 사육되고 있는 개는 전국에 약 52만 마리, 연간 약 40만 마리의 개들이 식용으로 유통되고 있을 것으로 추정(6)
- 동물구조단체 HSI Humane Society International 한국 지부의 2020년 식용 개 농장 구조 당시 마스티프, 골든리트리버, 푸들, 포메라니안, 래브라도 리트리버 등 다양한 견종이 발견되었다. 천연기념물인 진돗개 또한 식용 목적으로 팔리고 있는 상황이 확인되고 있다.

약 **400,000**마리 유통

전국 식용견

약 **52**만 마리

(1) 카라 「세계 유일 식용 개농장 실태조사」 2017
(2) 경기도와 카라 「동물생산업체 등 실태조사보고서」 2021
(3),(4),(5),(6) 농림축산식품부 「식용 개 사육, 유통 실태조사」 2022

3. 불법으로 자행되는 도살

- 전기봉을 입에 물리는 방식 41%, 전기봉으로 몸 아무 곳을 마구잡이로 찌르는 방식 57%[7]
- 동종의 동물이 보는 앞에서 도살 된 경우 99%[8]

전기봉을 물고 죽는 **41**%의 개들

전기봉에 찔려 죽는 **57**%의 개들

동종의 동물 앞에서
도살된 개
99%

동물보호법 제 8조(동물 학대 등의 금지) '정당한 사유 없이 신체적 고통을 주는 행위'는 동물 학대로 금지되었다. 2020년 4월 9일, 대법원은 '개 전기도살 사건'에 대하여 역사적인 유죄 판결을 내렸다. 하지만 눈에 보이는 상해가 없다면 '신체적 고통'의 유무는 담당 공무원의 자의적 판단에 근거한다.

4. 개정된 법안, 실현가능성은 미지수

- 지난 4월 27일, 개정된 동물보호법이 발표되었다. 이제부터 '사람의 생명·신체에 대한 직접적인 위협이나 재산상의 피해 방지 등 농림축산식품부령으로 정하는 정당한 사유' 없이 동물을 죽음에 이르게 할 경우 3년 이하의 징역 또는 3,000만 원 이하의 벌금형을 받는다.
그러나 해당 법이 현실에서 적용될지는 미지수다. 법이 개정되기 이전에도 동물보호법을 통해 도살을 금지하고 있었으나 암암리에 개 식용이 이뤄졌기 때문이다. 모두의 인식이 함께 변화해야 완전한 '개 식용 종식'을 이룩할 수 있다.

인식의 변화가
중요한 시점

---

(7),(8) 2020년 동물해방물결과 국제 동물권 단체 '동물을 위한 마지막 희망(LCA)'가 한국 개 식용 산업 핵심 루트인 개 도살장, 경매장, 농장 6곳을 약 8개월간 잠입 조사한 결과

SAY NO

TO DOGMEAT

그만먹개 캠페인 2023

역대 최고의 폭염, 끊이지 않는 장마… 뜨거운 햇빛 속 사건 사고가 계속된다. 하지만 어디에서도 이들의 비극은 이야기하지 않는다. 작열하는 태양열을 모두 흡수해버린 좁은 공간에서 위태롭게 목숨을 부지하고 있는 강아지들의 이야기를. 법안은 개정되었지만 사람들의 무관심에 뜬장 속 개들은 더욱 외로운 하루를 보낸다. 그 존재를 세상에 알리기 위해 5명의 예술가가 모였다. 그들의 시선은 이 여름, 그중에서도 가장 뜨거운 곳을 향하고 있다.

개 식용 종식에 대해 지지부진한 탁상공론이 계속되던 지난 2022년, 예술가들은 힘을 모아 뜬장 속 개들에게 자유를 선물하기로 마음먹었다. 예술가들은 동물권 행동 카라와의 협업을 통해 개 식용의 실상을 담은 영상물을 제작했다. 6편의 영상은 〈그만먹개 캠페인 2022〉 유튜브 채널과 동물권 행동 카라의 SNS를 통해 복날 기간 동안 순차적으로 공개되었다. 숏츠, 애니메이션 등 서로 다른 형태로 표현된 영상 속 진심은 하나다. 좁은 뜬장에 갇힌 개들이 모든 속박을 벗어던지고 겁에 질린 두 눈이 다시 세상과 마주할 수 있기를 바라는 것이다.

2023년에도 예술가들은 활동을 계속할 계획이다. 이송희일, 조현철, 장민승, 박성광, 박새연 5인으로 구성된 〈그만먹개 캠페인 2023〉의 예술가들은 자신만의 방법으로 식용견 종식을 위해 목소리를 낼 예정이다. 2022년보다 3배 정도 예산을 늘릴 계획이지만, 그들의 진심을 담아내기엔 턱없이 부족한 게 사실이다. 이러한 열악한 환경 속에서도 자신의 열과 성을 다해 진심을 전한다. 하나의 작품이 불러일으킬 나비효과를 위해 5인의 예술가는 오늘도 바삐 움직인다.

뜬장 속에 갇힌 소중한 생명들을 위해 멜로우도 그 길을 함께 걷기로 했다. 멜로우 매거진이 한 권 판매될 때마다 1,000원의 수익금이 〈그만먹개 캠페인 2023〉에 전달된다. 이번 활동을 통해 개 식용의 부조리를 다시 한 번 세상에 알릴 것이다. 우리의 노력을 통해 뜬장 속 개들에게 새 삶을 선물할 수 있기를 바란다.

에디터 최진영, 백수빈

STOP DOG MEAT 2023

2023 Directors Line Up

올해도 〈그만먹개 캠페인 2023〉은 박차를 가한다. 이송희일, 조현철, 장민승, 박성광, 박새연 총 다섯 명으로 구성된 이들은 '식용견'이라는 명칭을 없애기 위해 여름을 바칠 예정이다. 다섯 예술가들은 자신만의 감각을 통해 개들의 현실을 여실히 보여주려 한다. 애니메이션부터 종합 미디어 예술까지 아우르는 그들의 작품은 천천히, 그렇지만 확실히, 우리의 가슴에 잊지 못할 메시지를 전할 것이다.

이송희일 감독은 많은 글과 영화를 통해 환경의 소중함과 소수자들의 인권을 이야기해왔다. 그는 잠시 시선을 돌려 자연의 일부인 강아지들의 이야기를 하고자 한다. 그들이 처한 안타까운 현실을 이송희일 감독님은 어떻게 바라보고 있을까? 너른 들판은 커녕, 땅바닥 한 번 제대로 밟아보지 못하고 삶을 마감하는 존재들에게 위로와 자유의 메시지를 전할 예정이다.

DIRECTOR 이송희일

인기리에 종영된 드라마 〈D.P〉와 〈구경이〉로 대중에게 얼굴을 알린 배우이자 독립영화감독 조현철. 그는 특히 2022년작 〈너와 나〉에서 죽음, 자연, 연민에 대해 그렸다. 사회적 약자에 대한 남다른 애정을 보여온 그는 뜬장 속 개들에게 어떤 위안을 전할까. 조현철 감독의 섬세하고 세밀한 감정선으로 표현될 〈그만먹개 캠페인 2023〉은 우리에게 깊은 여운을 남길 것이다.

DIRECTOR 조현철

장민승 작가는 사진가, 음악 프로듀서, 공연 연출자 등 다양한 작업을 하고 있는 종합 예술인이다. 감각과 경험의 확장을 현대미술로 실험하고 있다. 또한 그는 자연과 과거 사회에서 일어난 사건들에 대해 관심을 기울인다. 시의성을 중요히 생각하며 활동에 임하는 장민승 작가, 그의 작품을 통해 뜬장의 문이 활짝 열릴 수 있기를 바란다.

DIRECTOR 장민승

영화예술학과를 졸업한 후 개그맨으로 활발한 활동을 이어 온 만능 엔터테이너 박성광. 2011년 5분 길이의 단편 〈욕〉으로 데뷔해 여러 작품을 통해 예술성을 인정받아온 그가 〈그만먹개 캠페인 2023〉을 통해 감독으로서의 진면모를 다시 한 번 보여줄 예정이다. 어려운 시기에 광복이를 만나 교감하며 마음의 병을 치유한 반려인으로서, 반려동물이 주는 사랑을 그 누구보다 잘 아는 그. 이제 반려견 광복이를 넘어 수많은 생명들을 위해 목소리를 높이고 있다.

DIRECTOR 박성광

한국예술종합학교 애니메이션과에 재학 중인 박새연 감독. 반려견과 함께하며 자연스레 '개 식용 종식'에 관심을 갖게 된 감독은 환경과 동물권 관련 단편 독립 애니메이션을 여러 편 제작하며 그 마음을 알렸다. 활동을 이어가던 중, 임순례 감독과 이진숙 PD의 제안을 받아 〈그만먹개 캠페인 2022〉에 참여하게 되었다. 그만먹개를 통해 발표된 박새연 감독의 〈뜬장〉은 좁은 뜬장 속에서 살아가는 강아지의 삶을 감독 특유의 따뜻한 그림체로 그린 작품이다.

DIRECTOR 박새연

#식용견은_없다
#사회적합의는_끝났다

SAY NO

TO DOGMEAT

발행처
Inc.펫앤스토리

Publisher
옥세일 Seil Ok

Contents Director
김은진 Eunjin Kim

Cheif Editor
조문주 Munju Jo

Editor
박재림 Jaelim Park
박조은 Joeun Park
최진영 Jinyoung Choi
백수빈 Subin Baek

Photographer
이영진 Youngjin Yi
김시윤 Siyoon Kim

Art Direction & Design
김은진 Eunjin Kim

Senior Designer
최형윤 Hyeongyun Choi

Designer
김혜진 Hyejin Kim

Sales & Distribution
정선국 Sunkook Jung

Management Support
정선국 Sunkook Jung
오지원 Jiwon Oh
안시윤 Siyun An

Illustrator
김초록 Chorok Kim
김혜진 Hyejin Kim

Pubilshing
Inc.펫앤스토리
도서등록번호 제 2020-00135호
출판등록일 2005년 3월 17일
ISSN 2799-5569
창간 2010년 9월 14일
발행일 2023년 5월 31일

Inc.펫앤스토리
경기도 용인시 수지구 신수로 767
분당수지유타워 A동 2102호
767, Sinsu-ro, Suji-gu, Yongin-si,
Gyeonggi-do, Republic Of Korea

광고문의
mellowmate@petnstory.com
070 8671 3423

구독문의
mellowmate@petnstory.com
070 8671 3423

Instagram
magazine_mellow

Web
mellowmate.co.kr